致力于中国人的教育改革和文化重建

立 品 图 书 · 自觉 · 觉他
www.tobebooks.net
出 品

东海先生作品集 04

四書要義

儒家仁本主义的源泉

余东海 著

中国友谊出版公司

图书在版编目（CIP）数据

四书要义 / 余东海著. -- 北京：中国友谊出版公司，2016.6
ISBN 978-7-5057-3770-9

Ⅰ. ①四… Ⅱ. ①余… Ⅲ. ①儒家②四书—研究
Ⅳ. ①B222.15

中国版本图书馆 CIP 数据核字（2016）第 147183 号

书名 **四书要义**
作者 余东海
出版 中国友谊出版公司
发行 中国友谊出版公司
经销 新华书店
印刷 三河市华晨印务有限公司
规格 787×1092 毫米 16 开
11.75 印张 60 千字
版次 2016 年 9 月第 1 版
印次 2016 年 9 月第 1 次印刷
书号 ISBN 978-7-5057-3770-9
定价 30.00 元
地址 北京市朝阳区西坝河南里 17 号楼
邮编 100028
电话 （010）64668676

目　录

概　论

一

中华文化，诸子百家，经史子集。诸子百家中，儒家是中华文明的主要缔造者，故为主统，佛道两家为辅统。佛道儒三家中，儒道是本土文化，佛家原是外来，但自从汉朝传入中国，经过与儒道两家持久的摩擦和交融，早已中国化，成为中华文化重要的组成部分。所以佛经也成为中华经典之一。

经史子集，经是根本。国学大师，至少要通佛道儒经典中的一家，儒者至少要通儒家一经。儒经是根本的根本，经学是儒学的核心。武术界有句名言：“练拳不练功，到老一场空。”吾也有句无名之言：“读书不读经，学问没有根。”王阳明以“良知”为学问的头脑。儒经，就是“良知学”的骨干。我曾写过一首关于读经的四言诗：

养身修心，莫过读经。
学而时习，乐味津津。
下学上达，融会贯通。
自立立他，自度度人。

养身修心，莫过读经。
熟读深思，贵在实行。
格致诚正，修齐治平。
上下内外，一体同仁。

我有道真，通天地人。

可致良知，可证法身。

愿与龙象，化裁推行。

举而措之，天下之民。

结尾化用《易经》之言。《易经·系辞》说：“形而上者谓之道，形而下者谓之器，化而裁之谓之变，推而行之谓之通，举而措之天下之民谓之事业。”意思是说，超越于现象的叫做“道”，居于现象层面的叫做“器”，两者作用，导致事物交感化育、互为裁节叫做“变”，顺沿变化而推广叫做“通”，将这些道理实践于社会，叫做“事业”。

能够“举而措之天下之民”的，是圣王，是圣贤事业。拿破仑有句名言：“不想当将军的士兵不是好士兵”。东海也有句无名之言：“不想当圣贤的儒者不是好儒者”。儒者不可以圣贤自命，但应该以圣德为最高人格理想、以王道为最高政治追求。

学儒必须读经。儒者未必诸经皆通，四书五经，至少要初通一经，具备一定的经学修养。经学即指研究儒家经典、注解其字句、解释其意义、阐明其义理的学问。这样，学问才有根基，思想才有头脑。

儒家强调通经致用。通经是通晓儒学经典，通达大经大法，致用是经世应务，立功立言，道援天下。两者相辅相成，这就是儒家的“体用不二”和“全体大用”。自古儒者的问题都出在这里，或不通经明体，或不致用权达。请不要忽视：通权达变、随机应变、因地制宜、与时俱进等也都是儒家经典精神，蕴于权道、义德、时中原则之内。

历代大儒都通经，一通百通，故致起用来特厉害。辩才无碍、办事能力强等无非是“经”的作用、“用”的体现。像王阳明、曾国藩，书生领军，举世无双。至于圣人，发言就是经典，更是全体大用。尧舜禹汤，文武周公，无不功业赫赫；孔孟事功不彰，但“文功”盖世，千秋万代皆蒙德泽……

佛家讲“信、解、行、证”，可以移用于儒家。信是信仰，解是理解，行是实行、实践，证是解悟、证悟。“信、解、行、证”都离不开经典的学习。《涅槃经》有三兽渡河喻：“兔浮水面，马才没身，象直到底。”儒学研究者，相当于兔；一般儒家信仰、实践者，相当于马；信仰到高度、实践到深处，于儒学透彻理解，于良知圆满体证，便成圣贤，相当于象。用佛教话说，这是彻法源底。

二

儒家经典，以四书五经为主。四书是《论语》《孟子》《大学》和《中庸》。四书与五经一样，都是儒家的正经，中华的圣经。儒家经典可以分为正经和副经。圣人所言所述为正经，贤人所言及解释经文“传”的为副经。所谓“六艺经传”，就是正经和副经的合称。晋张华《博物志》说：“圣人制作曰经，贤者著述曰传”。

朱熹所编定的《四书》次序本来是《大学》《论语》《孟子》《中庸》，后人因《大学》《中庸》篇幅较短，为了刻写出版方便，故把《中庸》提到《论语》之前，成了现在通行的《大学》《中庸》《论语》《孟子》顺序。

我特列《论语》为首。因四书五经以《论语》最为深入浅出、雅俗共赏，为儒家入门必读、深造必研。孟子认为自古圣人未有高过孔子。记载孔子言论最多、最集中的《论语》当然是儒家正经，并可视为“四书”中的第一书。

《论语》以语录体和对话文体为主，记录了孔子及其弟子言行。“论”是讨论编纂义。“语”是话语、谈说义，如《国语》《家语》《新语》等。班超《汉书·艺文志》说：“《论语》者，孔子应答弟子，时人及弟子相与言而接闻于夫子之语也。当时弟子各有所记，夫子既卒，门人相与辑而论纂，故谓之《论语》。”《文选·辨命论注》引《傅子》说：“昔仲尼既没，仲弓之徒追论夫子之言，谓之《论语》。”“论语”就是把“接闻于夫子之语”“论纂”起来之意。

《论语》约成书于战国初期。经秦始皇焚书坑儒，到西汉时仅有口头传授及从孔子住宅夹壁中所得的本子，计有：鲁人口头传授的《鲁论语》二十篇，齐人口头传授的

《齐论语》二十二篇，从孔子住宅夹壁中发现的《古论语》二十一篇。西汉末，张禹精治《论语》，并根据《鲁论语》，参照《齐论语》，另成《张侯论》。东汉末，郑玄依据《张侯论》，参考《齐论语》《古论语》，作《论语注》，是为现存《论语》二十篇，前十篇为上编，后十篇为下编。

或说“一部《论语》小学生也会几句，《论语》要旨是个中国人都能说出来”。而吾哂之：“何言之易也！”即使儒式王朝，能通一经，就是名学者了。多少人学儒一辈子，未必懂得“一以贯之”的“一”（儒学要旨）的真实相。《论语》一些句子，或许八岁孩童会说，但八十老翁未必能行也。

《孟子》是记载孟子及其学生言行的一部书。孟子（公元前 372—公元前 289），名轲，字子舆，战国中期邹国人。出生距孔子逝世（公元前 479）百年左右。据《列女传》和赵岐《孟子题辞》说，孟子曾受教于孔子的孙子子思；《史记·孟子荀卿列传》说他“受业子思之门人”，从年代推算，比较可信。

无论是受业于子思还是子思之门人，孟子的学说都受到了子思的影响。荀子把子思和孟子列为一派，后世称为“思孟学派”。孟子则自称私淑孔子，其学说确实与孔子一脉相承，故后世将儒家学说称为“孔孟之道”。

《孟子》的地位有个逐步上升的过程。《汉书·艺文志》仅把《孟子》放在诸子略中，视为子书；汉文帝把《论语》《孝经》《孟子》《尔雅》各置博士，叫“传记博士”，视之为儒家副经了。“传”，是辅助“经书”的，相当于副经典。

赵岐在《孟子题辞》中把《孟子》与《论语》相比，认为《孟子》是“拟圣而作”，相当于《圣经》；五代后蜀时，后蜀主孟昶命人楷书十一经刻石，其中包括了《孟子》，将

《孟子》列入正经，宋太宗又命人翻刻了这十一经。

张载说："要见圣人，无如论孟为要。论孟二书于学者大足，只是须涵泳。"把《孟子》与《论语》并列。到南宋孝宗时，朱熹编《四书》列入了《孟子》，正式把《孟子》提到了最高地位。元明以后又成为科举考试的内容，更成为文化人的必读书。

如果说荀子发展了孔子的外王学（礼学、政治学），体现了儒家的现实主义精神，孟子则发展了孔子的内圣学，体现了儒家的理想主义精神。当然，儒家内圣与外王、现实与理想不二，即道德性与政治性、现实性与理想性一体同仁。孟子同样对政治和现实有着强烈关注。另外，荀子对孔学的发展是出偏了的，他的性恶论已经违背儒家的人性观；孟子对孔学的发展则始终坚持仁本主义立场。

关于《论语》和《孟子》，有宋诗写道：

陈淳《谨所之赠王氏子》

语孟两部书，坦坦无峣崎。

尽是平实语，中蕴至宝辉。

大意是：《论语》《孟子》两部书，平平常常，坦坦荡荡，没有什么奇特古怪的言论，都是些很平常实在的话，但其中蕴藏着至宝的光辉。

峣崎同崎峣，奇特古怪的意思。佛家说："是真佛只说家常"。儒家更加尊重和强调这个"常"字，儒家义理，尽管高明精微，却无不建立在常道、常识、常情之上，"仁义礼智信"被称为"五常道"。《汉书·艺文志》记载："孔子曰：索隐行怪，后世有述焉，吾不为之矣。"索隐行怪，谓探索隐晦之事而行怪僻诡异之道为孔子所反对。

三

《大学》原是《礼记》中的一篇。程颢、程颐把它从《礼记》中抽出，编次章句，使之独立成篇。朱熹在二程的基础上加工编排，分为“经”“传”，作成章句，并将它和《论语》《孟子》《中庸》合编为《四书》。程颢、程颐认为是“孔氏之遗言也”，朱熹认为其中“经”是曾参记述孔子的话，“传”是曾参门人记述曾参的话。

大学是对小学而言。儒家小学是“详训诂，明句读”，大学则是大人之学，讲的是内圣外王的学问，其三纲领是：明明德，亲民，止于至善。明明德为内圣修养，亲民为外王追求，止于至善是内外双修，达到最高境界。

《大学》中的“亲民”，朱熹解“亲”为“新”，意谓革其旧；王阳明以为“亲”即亲爱义。我认为王阳明说更准确。“新民”重在教化，革新旧的思想习气；“亲民”重在政治，重在民本原则的落实，亦可涵盖“新民”之意。内圣外王双重工夫，最后都归结为修身：修得良知法身。

王阳明作有《大学问》。原义是关于《大学》的问答，有人理解为“伟大的学问”，虽然不符原义，却合乎儒家义理。《大学问》开头写道：

大人者，以天地万物为一体者也。其视天下犹一家，中国犹一人焉。若夫间形骸而分尔我者，小人矣。大人之能以天地万物为一体也，非意之也，其心之仁本若是，其与天地万物而为一也。岂惟大人，虽小人之心亦莫不然，彼顾自小之耳。

大人何以大？这段话讲得很透彻。天地万物，千奇百怪，参差不齐，但都是道体的作用、乾元的产品。俗话说五百年前是一家，我们可以说：开天辟地之前是一家。这个家，就是乾元，就是天道；于人而言，就是本性，就是仁，所谓天命之谓性。天地万物一体之仁，能够体会证悟这个“仁”的“人”，就是“大人”。

小人与大人相对。小人的本性本心与大人完全一样、完全平等，之所以“小”，是因为被恶习和私欲所遮蔽了，就像太阳被乌云遮蔽一样。与小人相对的时候，君子堪称大人，但与大人相对的时候，君子大的程度仍然有限。因为君子虽然建立了基本人格和良知信仰，但对“良知”即“仁性”的解悟还不够，还没有进入悟境和证境，没有实证到“天地万物一体之仁”的生命宇宙的真相。

《中庸》出于孔子的孙子子思，原为《礼记》中的一篇，经由程朱理学的推崇尊奉，遂单独成篇，并列为四书之一，宋元以后，成为官方的学校教科书和科举考试的必读书。

朱熹高度赞美《中庸》："忧深言切，虑远说详""历选前圣之书，所以提挈纲维，开示蕴奥，未有若是之明且尽者也。"强调《中庸》是"孔门传授心法"之书（《中庸章句·序》）。朱熹在《中庸章句》开头引用程子的话说：

其书始言一理，中散为万事，末复合为一理，放之则弥六合，卷之则退藏于密，其味无穷，皆实学也。善读者玩索而有得焉，则终身用之，有不能尽者矣。

程子是宋朝大儒程伊川先生。他说："《中庸》这本书，开始只说一个道理，中间分散为万般事体，最后又汇总归结到一个道理上。这个道理放开来可以遍满天地四方，归拢来则可以深藏于内在隐秘。它意味无穷，都是实实在在的学问。善于读书的人仔细思量，反复领会，自有心得，一辈子都受用不完。”

“退藏于密”的“密”字值得深思。大都将它翻译为“隐秘的内心”。没有错，但肤浅，因为这个“密”比一般“隐秘的内心”还要隐秘。程明道先生说：“密是用之源，圣人之妙处。(《二程集》)”用之源，即是体，即“道心惟微”的“道心”、“允执厥中”的“中”。

宋人陈淳有诗赞《大学》《中庸》道：

《隆兴书堂自警三十五首》

大学示絜矩，中庸发尚絅。

昔人深工处，愿言日三省。

絜矩：絜是度量，矩是画方形的用具，引申为法度，《大学》以絜矩来象征道德上的规范。

尚絅：尚是穿衣，絅是罩在表面的单衣。尚絅，意谓崇尚质朴。《中庸》原话是：

诗曰衣锦尚絅，恶其文之着也。故君子之道，闇然而日章；小人之道，的然而日亡。君子之道，淡而不厌，简而文，温而理，知远之近，知风之自，知微之显，可与入德矣。

《诗经》说锦绣衣外加罩衫，是嫌锦绣花纹显露啊。所以君子之道，含蓄深藏而日益彰显；小人之道，鲜明外露而日见消亡。君子之道，平淡而不满足，简易而文，温和而理，知道远由近始，知道风的来源，知道细微的外显，那就可以进入道德境界了。

《论语》《孟子》《大学》《中庸》每一本书的最大特征，分别可以用一个字来概括："仁""义""大""中"。四个字又是相通、相辅、相成的，小异而大同，说其中一个字，可以涵盖其余三个。比如《论语》以“仁”为中心，也合乎“义”，非常“大”，也是“中”道。

《四书要义》将围绕这四个字，分别对四书的义理进行梳理、分析和总结。《论语》：仁学纲要；《孟子》：大义凛然；《大学》：大哉儒学；《中庸》：中道妙理。

东海儒者·余樟法

2012 年 9 月

第一章 《论语》：仁学纲要

一、从文天祥绝笔说起

南宋末年，文天祥抗击元兵，兵败被俘，拒降不屈，殉难于燕京，就义前留下绝笔："孔曰成仁，孟曰取义，惟其义尽，所以仁至。而今而后，庶几无愧。"

成仁取义是"舍生取义""杀身成仁"的缩略。"杀身成仁"语出《论语·卫灵公》："子曰：志士仁人，无求生以害仁，有杀身以成仁。"志士，有志之士。仁人，成德之人。孔子说："志士仁人，没有求生而损害仁，只有杀身来成就仁。”

孔子一般不鼓励你死我活的抗争和奋不顾身的牺牲，认为天下无道之时，君子退而保身、守死善道是最佳选择。所以主张“邦无道，危行言孙”“无道则隐”，并说“宁武子，邦有道则知，邦无道则愚。其知可及也，其愚不可及也”(《论语·公冶长》)。称赞蘧伯玉“邦无道则卷而怀之”的智慧。

但孔子并非主张苟且偷生。如果求生可以更好地成德传道，当然要求生；如果求生有害于仁，那么志士仁人就应该选择杀身成仁。杀身非儒家风范，却是志士仁人特殊情况下迫不得已的选择。

“志”“智”二字古时可通用，俞氏《群经平议》引《礼记·缁衣》《列子·汤问》有关“志”字各注，都当“知”

或“智”字解。可见杀身成仁，在儒家不仅是大勇，也是大智。孟子说，可以死，可以不死，死伤勇。什么时候可以死，选择正确的死法，是需要相当的智慧。

另外，某些古注对“杀身成仁”作广义解释，认为禹王胼胝治水、诸葛亮鞠躬尽瘁死而后已等，都属于杀身成仁。

仁，即是人，又是“人之所以生者”，具有先天性、超越性和形而上性，是生命存在的背景、原因和源头。“仁者人也”“仁者爱人”，这是从形而下层面解“仁”；“仁者，天地生物之心，而人得以生者，所谓元者善之长也”（朱熹《中庸章句》）；“夫仁者，人之所以生者也”（《南轩论语解》）。这是从形而上角度释“仁”。总之，仁是先天与后天、超越与内在、形而上与形而下的圆满统一，体用不二，天人合一。

就人类而言，本性为天，肉体身和意识心为人，这就叫天人合一。孟子对此理解透彻，他说："仁也者，人也；合而言之，道也。"人与仁互为表里，人是仁的作用、显化、形而下，仁是人的本质、本性、形而上。仁，形而下为人，形而上为天，两者合而为道。

"形色，天性也""万物皆备于我"，表达的都是这个意思。宇宙生命系统是全息的，人的本性"仁"不仅"全息"着人间一切事物，而且"全息"着宇宙万物，是"范围天地之化而不过，曲成万物而不遗"的。"万物皆备于我"，实质上是万物皆备于"仁"。

由于天人不二，现象生命（肉体和意识）是生命本质（仁性）的显化。所以一般情况下保身就是保仁（卫道），求生也是求仁。不过，天人不二而又有别，在特殊情况下，保身与卫道也会产生不可调和的矛盾。那么，杀身以成仁就成了儒者最好的选择。

“孔曰成仁”，这个“仁”字，是儒学的最高原则。儒家称“仁义礼智信”为“五常道”，五大道德元素相辅相成，最后归结于仁，即“义礼智信”四德都必须服从于“仁”。儒学，可以称为“仁本主义学说”，简称“仁学”。“仁”，也是《论语》的核心义理。“仁”在《论语》中出现109次之多。

二、说“仁”

《论语》以“仁”为核心展开。“仁”在《论语》中出现109次之多。

“仁”，即《易经》的“乾元”，《大学》之“明德”和

“至善”,《中庸》之“诚”，程朱之“天理”，阳明之“良知”，佛家称之为“真如”“如来藏”，禅家称之为“本来面目”等等。不同圣贤和派别理解或有差异，所指的则是同样的“东西”。

“仁”，即体即用，全体大用，体用不二，于天为“天行健”，于人为“性本善”，于个体为内圣修养，于外王为社会政治实践。天地万物一体之仁，不仅将社会与个体、政治与道德打成一片，而且将人与天、器与道、现象与本质、有限与无限、形而下与形而上、此岸与彼岸通而为一。真可谓：“极高明而道中庸，极广大而尽精微。”

《论语》说“仁”，皆就作用和表现而言，不及仁之体即“性与天道”，但又句句处处不离“性与天道”。说深，境界广大，意蕴精微。妙哉圣言。说浅，妇孺皆懂，天下普适。大哉《论语》。

“仁”是形而上与形而下的统一。“克己复礼”“非礼勿视，非礼勿听，非礼勿言，非礼勿动”“仁者其言也讱”“出门如见大宾，使民如承大祭”“己所不欲，勿施于人”“在邦无怨，在家无怨”等等，都是仁的作用，是仁在不同领域、不同层面的表现。

《论语·学而》载：“有子说：孝弟也者，其为仁之本与？”

《史记·仲尼弟子列传》载：有若，姓有，名若，孔子弟子，少孔子四十三岁，长像类孔子。弟：同悌。善事父母为孝，善事兄长为悌。

有子说：“孝顺父母，尊敬兄长而喜好犯上的人，少见；不喜好犯上而喜好造反作乱的人，是没有的。君子致力于根本事务，根本扎实了，道德就生长。孝悌是仁的根本性要求呀。”

《诗经》有“害于尔家，凶于尔国”之句。人物、团伙、势力及学说，如果“害于尔家”，必然“凶于尔国”。殷鉴不远，“文革”大义灭亲，造成了无数亲人互斗、父子相残的人间恶迹。侮辱、打骂、伤害父母的现象，至今仍存。亲亲和孝悌，是家事也是国事啊。

每耳闻目睹忤逆，既憎恨又悲哀。人不如畜呀。由于时代环境的极大变迁，大多数人已不可能讲究孝的形式了。例如晨昏定省之类规范，很难照做。但是，常将父母放在心里，好好说话，尽量关心，却是做儿女的本分。

孔子以仁为本，为儒家最高原则和核心道德，也是孝悌的根本。孝悌则是仁的表现。有子之言与孔子有所不同，但不违孔学，因为范畴不同。有子的意思是说，孝悌是仁的基础性、根本性表现。不孝不悌，仁就被架空了，空洞化了。

本人多次强调“仁”是万德之本，是儒家最高原则。有人抬出《论语》中“孝悌也者，其为仁之本与”为据，认为孝悌比仁更重要。他不知道，《论语》中有子所说的“本”与我所说的“本”不是一个层面的。

“孝悌也者，其为仁之本与”是就外在行为规范而言的。可以说，孝悌乃个人行为道德规范的基础。但在根本上说仍是“仁为孝悌之本”，即仁德是孝悌的内在依据，不仁就不可能有真孝悌。这是我们必须清楚的。

另复须知，儒家的爱是“有差等而无局限”，是“亲亲仁民爱物”。孝悌尽管重要，仅属“亲亲”范围和家庭责任，儒者还有文化社会责任要“尽”。《荀子·子道》以入孝出悌为人之小行，道理就在这里。各种责任如何平衡，在它们产生冲突时如何做出合适、均衡的选择，是对智慧的一大考验。

本章应与《论语·子路》“子贡问士”章参看。第一等“士”是“行已有耻，使于四方，不辱君命”；“宗族称孝焉，乡党称弟焉”属于次一等。《论语集释》：“称孝称悌，即孟子所谓一乡之善士，此虽德行之美，然孝悌为人所宜尽，不必待学而能，故夫质性之善者亦能行之，而非为士职分之所尽也，故以为次。”

《论语·雍也》载：子贡曰：“如有博施于民而能济众，何如？可谓仁乎？”子曰：“何事于仁，必也圣乎！尧舜其犹病诸。夫仁者，己欲立而立人，己欲达而达人。能近取譬，可谓仁之方也已。”

何事于仁：何止是仁。事：是“止”的假借字。据学者王力先生《上古韵部及常用字归部表》考证，“事”与“止”上古音皆入“之”部。一说，何事于仁当解为：怎样才能做到仁。病：忧虑，犯难，有所不足。《广雅·释诂》：“病，犹难也。”能近取譬：近，指切近的生活，自身。能够就自身打比方，推己及人。

子贡说：“如果有人能广泛施惠于民，能周济众人，怎么样？可以称为仁者吗？”孔子说：“何止是仁者，那必定是圣人了！尧舜还怕有所不足呢。那仁者，自己想要成就，就会帮助他人成就；自己想要通达，就会帮助他人通达。凡事都能推己及人，可以说是践行仁的方法吧。”

“何事于仁，必也圣乎”，孔子此言，不是说博施济众非仁，而是指其事非仅仁者所可能，仁者无位，不能博施济众，这只有得位的圣人才有可能。与“内圣外王”的圣略有不同，此处“圣”字做有德有位言，相当于圣王。但就算是尧舜那样德位双全的圣王，要博施济众，也可能会感到力不足。博施济众，事无限量，只能尽力而为。

《论语·颜渊》载：樊迟问仁。子曰：“爱人。”

“仁者爱人”堪称儒家最高“教条”。仁爱有各种表现方式和层次，如家庭之爱、朋友之爱、民胞之爱及自然万物之爱。礼是表现仁爱的最重要形式，涵盖家庭、学校、社会、政治等各个领域，制度尤为礼之大者。制度体现的是政治之爱和社会之爱。故孟子说“达则兼济天下”，“达”了，才有机会将仁爱落实到政治和制度中去。

儒家宗旨四个字：“仁者爱人”。孝是爱父母，悌是爱兄弟，亲民是爱国民，亲仁是爱贤德，致良知是自爱。传道解惑是通过教育爱人；王道政治是通过良制爱人；格物、开物和利用是通过科学实践、物质开发爱人；汤武革命，以直报怨，是通过追求和维护历史公正而体现仁爱。

《论语·子张》载：子夏曰："博学而笃志，切问而近思，仁在其中矣。"

子夏说："广博地学习，坚定起志向，切实地提问，就所学多思考，仁德就在其中了。"

本章点明了知识、学问与道德的关系。知识的积累、立志的坚定、学问的切磋、思考的深入，有助于道德的提升。有德而无知无智，德也高不到哪里去。仁者，首先必须是博学、审问、慎思、明辨的人。非学无以知仁和明道，无以解悟仁道的奥秘。例如，有一种人，虽以善心待人处事反而会害人坏事，原因就在于不学无术。

《论语·颜渊》载：颜渊问仁。子曰："克己复礼为仁，一日克己复礼，天下归仁焉。为仁由己，而由人乎哉？"颜渊曰："请问其目。"子曰："非礼勿视，非礼勿听，非礼勿言，非礼勿动。"颜渊曰："回虽不敏，请事斯语矣。"

克己：约束自己。克，约束，抑制。习惯上将克己解作"克去己私"（宋儒大多作此解），将"己"解为私欲。然下文"为仁由己"，都指己身，将先后的两个"己"字作不同理解，终觉不妥。目：纲目，条目，具体要点。事：从事，实行，实践。

颜渊问仁道。孔子说："约束自己，恢复礼乐制度，就是仁道。有一天能够约束自己，恢复礼乐制度，天下就回归仁道了。践行仁道依靠自己，哪能依靠别人呢？"颜渊说："请问践行仁道的条目。"孔子说："不合礼制的不看，不合礼制的不听，不合礼制的不说，不合礼制的不做。"颜渊说：

“我虽不聪明，请让我按照这个话去做吧。”

或问：“孔子说：‘一日克己复礼，天下归仁焉。’这也说得太玄乎了。克己复礼有那么大的神通吗？你一克己复礼，天下就纷纷归仁了。如果这么简单，咱请一个大儒来克一下己、行一下礼，天下就太平了，岂不是好。”

儒家极高明而道中庸，何至于这么幼稚儿戏又玄乎搞怪。礼，是儒家文物典章制度的总称，包括各种政治、社会、道德规范及祭祀、军旅、冠婚、丧葬、朝聘、会盟等方面的典礼。克己是约束自己，是内圣；复礼是恢复礼乐制度，重建王道政治，属外王。孔子这句话可以说是儒家思想的总括和纲要，集内圣外王之全。

周礼是小康之礼的最高。在大道不行、大同渺茫的时代，小康不失为一种比较现实而值得追求的社会理想，故孔子对周礼颇崇尚，在《论语》中多次谈到。如，子曰：“周监乎二代，郁郁乎文哉，吾从周”（《论语·八佾》）；“周之德，其可谓至德也”（《论语·泰伯》）；“如有用我者，吾其为东周乎”（《论语·阳货》）；“甚矣！吾衰也，久矣，吾不复梦见周公”（《论语·述而》）。

如果人们特别是担负领导和管理事务的政治家，能够严格要求和约束自己，努力恢复西周的礼乐制度，就有希望天下重归仁道，再获升平。

克己是个人道德修养，复礼是政治社会实践，克己是独善其身，复礼是兼善天下。克己是为了成己之性、成就自己的仁，复礼是为了成人之性和曲成万物，仁及天下国家。克己是复礼的内圣基础，复礼是克己的外王实践。克己可以为复礼提供内在力量，复礼的努力则可以让克己更加到位。克己复礼一体同仁，而克己是更加根本性的，是外王的基础、仁道的根本。复礼有待于一定的外在条件，克己则无所倚，一切全靠自己。所以孔子接着强调“为仁由己”。

确立良知与重建良制。双管齐下，两者统一，才能抵达仁境的最高。齐家治国，道援天下，都离不开良制。现代社会，儒家宪政是最好的良制，可以称之为新礼制。赞成还是反对儒家宪政，是区别大人儒与小人儒的重要标准。有没有希望是另一回事。

关于儒家宪政：

儒宪的指导思想（主统）是仁本主义，涵盖仁义、中庸、诚信、和谐、王道（高于霸道，反于暴政）、德治、民本诸原则，并以佛道和自由主义为二大辅统，制度框架有尊孔建庙、重建学统、民主选举、以德治官、分权制衡、司法独立、言论自由、阳光大法、社会保障、军队国有、私有制主体等等。

关于私有制主体：

实行公有制必须具备一定的条件，如科技高度发展，物质极大繁荣，一切按需分配，劳动成了人类第一需要，同时儒家教化大行，人人皆有士君子之行。在此之前，即在太平世到来之前，应该以私有制为基础，国有、集体等公有经济为补充，并将国民私有财产权入宪。

另外，礼虽属于外王范畴，同时也是内圣追求的重要条目和辅助工具，具有约束自己的功能，所谓“博学于文，约之以礼”。所以接下去孔子告诉颜渊以“四勿”。“四勿”属于克己功夫。

《论语·颜渊》载：仲弓问仁。子曰："出门如见大宾，使民如承大祭。己所不欲，勿施于人。在邦无怨，在家无怨。"仲弓曰："雍虽不敏，请事斯语矣。"

仲弓：冉雍，字仲弓。仲弓问仁。孔子说："出门如同接待贵宾，差遣国民如同承当重大祭祀。自己不愿意接受的，不要施加给别人。在邦国没有怨，在家族没有怨。"仲弓说："我虽不聪明，请让我按照您的话去做吧。"

"己所不欲，勿施于人"体现的是恕道，是儒家处理人际关系及政治关系的重要原则。仁，积极方面表现为"己欲立而立人，己欲达而达人"，"消极"方面表现为推己及人的恕道。恕，如心也，将心比心。

"己所不欲，勿施于人"不能反向推出"己所欲，施于人"。真理不能强加，服务不能强行，道援不能强施，都要尊重民意，这是儒家政治的恕道。国民普遍欢迎，儒家不能推辞，否则，退而说法传道，以培养人才、启迪民智为己任。既要批判现实、引导政治，又要对社会和历史的局限保持一定尊重。那种非得君子当选及规定“圣人一万票”等思维，非儒所宜。

《论语·颜渊》载：司马牛问仁。子曰：“仁者其言也讱。”曰：“其言也讱，斯谓之仁已乎？”子曰：“为之难，言之得无讱乎？”

司马牛：孔子弟子。姓司马，名耕，名犁，字子牛，宋国大夫桓魋的弟弟。讱：言语钝讷，引申为说话慎重。

司马牛问什么是仁。孔子说：“仁人说话慎重。”（司马牛）说：“说话慎重，这就叫做仁了吗？”孔子说：“事做起来难，说起来能不慎重吗？”

“仁者其言也讱”与“有德者必有言”一体两面。有德者，一方面敏行慎言、言不妄发；一方面勇于发言，摧邪显正，弘传真理。如果借孔子之言批评好辩又善辩的孟子“其言不讱”，就缠夹了。《史记·仲尼弟子列传》说司马牛“多言而躁”，可见，孔子这一段话特有针对性。

《论语·子罕》载：子罕言利与命与仁。

有学者曲解这句话为“孔子很少谈利、命和仁”。其实“仁”字在《论语》中出现109次之多，“很少谈”说不通。这句句读应该是：“子罕言利，与命与仁。”与：赞与，肯定。孔子很少谈论利益，肯定天命，肯定仁性。

“罕言利”是儒家共同特点。孟子谒见梁惠王时也说过“何必曰利？亦有仁义而已矣”。这不是反对和否定利益，而是要以仁义道德来统率、指导利益追求。利人、利民、利国、利天下，这些公众、社会、天下国家的大利益，都已涵于仁义之中。“故孔子赞易，以义释利，谓古所谓利，今所谓义也。”

儒家言利的时候，必把道德放在第一位。所谓“正德，利用，厚生”，“正德”是第一位的。“孔子言义，不多言利，故云子罕言利，若言利则必与命并言之，与仁并言之。”(《论语补疏》)

《荀子·大略》载：“故义胜利者为治世，利克义者为乱世。上重义则义克利，上重利则利克义。故天子不言多少，诸侯不言利害，大夫不言得丧，士不通货财。有国之君不息牛羊，错质之臣不息鸡豚，众卿不修币，大夫不为场园。”

《春秋繁露·玉英》载：“凡人之性莫不善义，然而不能义者，利败之也。故君子终日言不及利，欲以勿言愧之而已；愧之，以塞其源也。夫处位动风化者，徒言利之名尔，犹恶之，况求利乎？”

这些经典论述可与本章相参。

人之仁性，天之所命，命与仁，是一而二、二而一的，角度不同而已。《论语》言仁最多，但都是形而下、具体而言，对于“性与天道”（仁的形而上）则罕言之，弟子们也罕闻之。或者说，孔子是通过伦理道德、政治文化等具体问题的阐述间接地指示通往“性与天道”的路径，所谓下学上达。

对于性与命，孔子罕言，老子累言，释尊则极言之，佛教千经万论，所言无非都是这个。这是佛道儒三家的重要不同点。

本人有咏仁杂诗十六首，特录几首于此共赏。

其二

唯物唯心俱欠真，天人大理是唯仁。
人为本性天为道，心物同归一体亲。

其三

苦问苍苍我是谁，千山风雪攒愁眉。
忽然一睹桃花面，悟彻本来不复疑。

其四

不肯攀缘不绝缘，随缘度日地行仙。
本心自在原无待，富更逍遥贫不迁。

其五

万物原来一体荣，吾心灿耀万心明。
虽忧江海波涛浊，溯到源头彻底清。

十二

学绝礼崩民倒悬，百年一掌竟遮天。

吾家藏宝重光日，重造河山待众贤。

十三

此心不染胜纯金，圆契天心与圣心。

未识程朱休敬我，不尊孔孟莫相寻。

十六

赤县难容一讲筵，忍看外道五湖传。

夜深说法孤灯灿，香满萧斋星满天。

三、君子之学

仁学内圣外王，圣学为道德学、心性学，王学为政治学、社会学。外王立足于内圣，内圣开发为外王，内外不二，圣王合一。孟子曰："人有恒言，皆曰天下国家。天下之本在国，国之本在家，家之本在身。"东海加上二句："身之本在心，心之本在仁。"仁，于天为本体，于人为本性、为人格，是天下国家及人身的根本。

仁者，人也。仁是人的本质、本性、本来面目，是人之所以为人的关键。仁者，最低标准是人格建立的君子，最高境界是人格圆满的圣人。仁学，即是君子之学。

《论语》是君子之学。"君子"一词在书中共出现107次，这些言论涉及君子人格的界定、培养、表现及与小人的差别等。《论语》中的君子，偶尔以位论，主要以德论。"君子怀德"，德是君子的主要特征。

"文质彬彬，然后君子""君子坦荡荡""不重则不威""敬而无失""泰而不骄""望之俨然，即之也温，听其言也厉”“正其衣冠，尊其瞻视”这些都是君子的精神风貌；“博学于文，约之以礼”“就有道而正焉”“无友不如己者，过则勿惮改”“内省不疚”“君子求诸己”“君子之过也，如日月之食”这些是君子的修养方法。

于言行关系，君子言行一致，并特别重视践履功夫：“敏于事而慎于言”“讷于言而敏于行”“耻其言而过其行”；于义利关系，君子先义后利，道义挂帅：“君子义以为上”“君子喻于义，小人喻于利”；于人际关系，君子讲究恕道，追求和谐：“己所不欲，勿施于人”“己欲立而立人，己欲达而达人”“成人之美，不成人之恶”“人不知而不愠”“周而不比”“和而不同”“矜而不争，群而不党”。

儒家在注重自立自达、尽己之性、自我成就的同时，强调立人达人、尽人之性和尽物之性。对君子来说，格致诚正，修齐治平，都是明明德、致良知的方式和渠道。简而言之，一切科学实践、道德实践和政治社会实践，都是对仁的践履，都是成仁的途径。

因此，君子除了文化责任，还要主动肩负起家庭、社会责任及政治责任，亲亲仁民爱物，仁爱无止无涯，境界无限广大。“入则孝，出则弟”是亲亲；“谨而信，泛爱众”和《中庸》的“亲民”、《大学》的“齐家治国平天下”是仁民；“其养民也惠，其使民也义”“信而后劳其民”“因民之所利而利之”这是指有一定政治地位的君子。

《论语·宪问》载：子路问君子。子曰：“修己以敬”。曰：“如斯而已乎？”曰：“修己以安人。”曰：“如斯而已乎？”曰：“修己以安百姓。修己以安百姓，尧舜其犹病诸？”

君子先修己后安人，以安百姓为最高政治追求。安百姓，即横渠四句中的“为生民立命”，境界很高，故孔子说尧舜也不一定做到。

以直置诸枉，能使枉者直；草上之风必偃。小人居上位，君子会“无道则隐”，小人会进一步恶化；若绝大多数官员都是贪官恶吏，体制无疑逆淘汰，领导无疑非君子。相反，君子居上位，下面小人也会君子化，政治和社会将逐步文明化。另外，君子在位，见到制度落后、政治无明，必会积极主动、想方设法地改良之。

社会恶化非一朝一夕之故，是渐变而成的。要改良社会，必须从根本上入手。这个根本，就是《论语》的核心宗旨：人格塑造和道德建设，尤其是政治道德的建设——这是道德政治的前提和制度文明的基础。

子曰：“君子上达，小人下达。”小人唯器，舍本逐末，所以成就也小；君子不器，追求根本，所以成就必大。因此，小人渐流而下，只求下达于器；君子渐进而上，直到上达于道。君子不反对逐末，只反对舍本。

下学上达，就是实事求是。实事，指事物、现象；求，指寻求、探索、实践、认识、把握；是，指真理、本质。实事求是，通过现象认识本质，通过实践寻求真理。一切科学政治实践都统于道德实践，都属于实事求是。极而言之，宇宙万物包括人的肉体意识都属现象，道体即良知本性，乾元本体则是本质，是最高真理。

君子并非儒家最高境界。君子有了上达的基础和追求，但还处于“上达”的初始阶段，相当于“而立”。前面的路还长着呢。

《论语·为政》载：子曰：“吾十有五而志于学，三十而立，四十而不惑，五十而知天命，六十而耳顺，七十而从心所欲不逾矩。”

这一章是孔子自叙一生的进学次第、心路历程、道德轨迹和修养境界。十五岁开始专心求学，到三十岁学有根柢。而立，立成熟人格，立志。志者，士心也。那可不是现代人所“立”的名利之心、富贵之心、称霸之心，也不仅仅是“年十五而志于学”的求学之心。那是立德向道之心，行仁取义之心。

“可与立，未可与权。”三十而立，能够“守经”了，尚不能“达权”。四十而不惑，成为智者，才可以行权。五十而知天命，《中庸》说“天命之谓性”，天命，天之所命，指本心本性。孔子五十学《易》，乃知天命。知天命，是觉知“天命之谓性”之理，离“率性之谓道”的境界仍有距离。《楞严经》说得好：“理则顿悟，乘悟并销；事非顿除，因次第尽。”人生习气改变和消除起来不容易，须逐渐完成。

六十而耳顺，证道了，一切逆耳之言无不乐闻，谤誉皆可乐。或者说，再没有什么言语会逆耳，会让自己不高兴。一说，闻他人之言，即通达他人的心意，是谓耳顺，亦通。郑康成注："耳顺，闻其言，而知微旨也。"皇《疏》："但闻其言，即解微旨，是所闻不逆于耳，故曰耳顺也。"

七十而从心所欲不逾矩，率性而为无不合乎法度，起心动念都在"道"上。这是孔子自我完善的最高境界，身与道俱，圣境也。可以说，这是儒家的即身成道。

世人的心性被物欲污染，遭恶念所遮，被妄念所蔽，所谓从心所欲，从的是习心；所谓率性而为，率的是习性。所以一般世俗之人没有资格讲从心所欲、率性而行，便是英雄豪士，心性不纯，如果随心率性，难免逾矩悖道。

对于本心与习心，打通了佛儒两家的熊十力认识最为透彻。他认为，本心人人具有，但一般人很容易受到外界无量无边的习气污染而成为“习心”。成为圣人的唯一途径就是返回“本心”的本然状态，即解除染习的蔽障，即“断染成净”使“欲皆从理”。

从心所欲不逾矩，这是孔子经过志学、而立、不惑、知天命、耳顺等阶段和状态之后，直到七十岁才达到的境界。到了这样的境界，人的心理已从必然王国臻于自由王国，人的生命已与整个宇宙秩序合而为一，即自我生命价值和自然宇宙价值的融合统一。

七十而从心所欲不逾矩，这句话从另一个角度说明了法律和制度的重要性。孔子尚且要到七十才能进入从心所欲不逾矩之境，一般人终其身难以抵达，如果缺乏良法良制的约束，有机会从心所欲，必然逾越道德法律等各种规范。

明儒顾宪成《讲义》说："这章书是夫子一生年谱，亦是千古作圣妙诀。"顾宪成以为，孔子自十五志于学，至四十而不惑，是修境（修养的过程和境界），五十知天命，是悟境（觉悟的境界），六十耳顺至七十从心，是证境（证悟的境界）。此说大有道理。

有人问过我一个非常利益主义的问题："做小人有利可图，做君子有什么好处？"我的回答是：《易经》早就指出，"义者，利之和"。道德是根本性、综合性的利益。君子，就是义人、道德的人。君子坦荡荡，无愧无忧，身心和谐，这是小利；成贤成圣，则是大利。如孔子，君子之大者，一生逢凶化吉、遇难呈祥，望重寿高、德泽绵长，岂不美哉，人生的成功、幸福和辉煌，莫大于此。

小人都是利益主义者。利益一旦主义化，必然违背道义，也会伤害利益。一切围绕利益转，唯利是图、取之无道，似乎聪明其实愚昧。只顾眼前利益，不顾长远利益；只知表层利益，不知根本利益，害人最后会害了自己，或因小失大，或为利丢命。古今多少小人为财富、为特权（特殊利益）弄得身败名裂，甚至家破人亡，何利之有？何乐之有？

在当下社会环境中，《论语》具有特别重大的意义和价值。作为提升道德修养、培养正人君子的人格主义圣典，《论语》正是泛滥成灾的物质主义、利益主义和享乐主义的对症之药，可以为现在中国社会道德、政治道德的重建添砖加瓦，为制度转型和政治文明提供内在驱动力。

四、知命之学

《论语》始于对学习的重视，终于对知命的强调，所谓“不知命，无以为君子也”。学者，觉也，学习的根本目的，是为了觉悟天命。

《论语·季氏》载：“君子有三畏：畏天命，畏大人，畏圣人之言。小人不知天命而不畏也，狎大人，侮圣人之言。”

是否知天命，是君子和小人的根本性区别。儒家的天，或指自然的天，或指象征的天，或指道体的天。道体流行，是谓天命，人之良知，作为本性，即天之所命，天命之性。关于“天命”，《论语》中出现过两次，另一次在《论语·为政》里，子曰：“五十而知天命”。知天命必畏天命。知之方能畏之，畏之更能知之。

大人是圣人有位者，是良知政治上最圆满的实践者。《乾凿度》引孔子：“易有君人五号：……大人者，圣明德备也。”《史记索隐》引易乾卦向秀注：“圣人在位，谓之大人”；孟子“大人者不失其赤子之心者也”，赵岐注：“大人谓君”。

孟子说，有天爵，有人爵。大人是天爵与人爵的统一。

大人，有时亦以人爵言。比如孟子“说大人则藐之”的大人，就指一般君主或公卿大夫，与这里所说的大人有异。人爵虽高，不妨藐之也。

在《易经》里，合言则圣人与大人无异；分言则作易称圣人，实践易德称大人。《周易·文言》：“夫大人者，与天地合其德，与日月合其明，与四时合其序，与鬼神合其吉凶，先天而天弗违，后天而奉天时。”显然，这里的“大人”是与圣人同级者。不同的是，大人有机会成就外王事业的辉煌，“道统”与“政统”得以合一。

孔子将畏天命视为君子美德，并将之作为划分“君子”与“小人”的重要界线。小人不畏天命，行险侥幸，败坏自己的本性，破坏人与人、人与社会、人与自然之间的关系。近百年来，文化被毁，“不知天命而不畏也，狎大人，侮圣人之言”的小人横行，占据文化、政治、社会各大要津，道德能不崩溃乎？社会安得和谐哉！

“不知命，无以为君子也。”这里的君子就德而言，而且涵盖圣贤，即大君子。贤人以下的君子，未必解悟本性良知奥秘，更未必证得，但至少信其存在知其真实。否则不足以成为一个君子。易言之，君子是建立了良知信仰的人。知命的君子，才能既尽心尽力又听天由命。

天命之谓性，命，天之所命，即人之本性。知命，即是知天命知本性，天，指天道天理，性，指本性良知。知命，就是把握了天理良知的奥秘，就是明心见性，明了宇宙之实相、生命之真相。司马迁有句名言：“究天人之际，通古今之变，成一家之言。”知命，就是深究天人之际。

知命，是真正的自知之明，知道了自心本性的光明。知道不是证悟，却是证悟的起步。信解行证，知命，相当于“解”，理解。知命，知道人性有“本”“习”之别，本性至善而习性易恶，掌握存养克己功夫，时时注意让良知做主。

《荀子·子道》载：子路入，子曰：“由！知者若何？仁者若何？”子路对曰：“知者使人知己，仁者使人爱己。”子曰：“可谓士矣。”子贡入，子曰：“赐！知者若何？仁者若何？”子贡对曰：“知者知人，仁者爱人。”子曰：“可谓士君子矣。”颜渊入，子曰：“回！知者若何？仁者若何？”颜渊对曰：“知者自知，仁者自爱。”子曰：“可谓明君子矣。”

使人知己，知人，都是智慧；自知，是更大的智慧。有自知之明的人，是良知光明的君子。

性有本性和习性之别。先天之性（天命之性）为本性，后天之性为习性。本性至善，习性易恶。习性有善习、恶习、无记习三种，一般人善习难养而恶习易成，习性容易滑向恶的一面。这是佛道儒三家主流共同认可的，也可以说是共识——不同在于对本性证悟和“至善”的理解，儒家以“生生”为至善、佛教以“空寂”为至善、道家以“虚静”为至善。三家众多的修炼法门，归根结底都是对治人类各种恶习以求复归本性。

王国维是一个威名赫赫的大师级人物，可是他居然不识“性”。他的《论性》一文，对人性的认识很浅陋，分不清本性与习性之别。他甚至不知道古人论性善性恶都是从根本上“论”的。

性善论并不否认恶习的顽固（正因为恶习顽固，所以修炼不易），只是认为善才是更加根本而根深蒂固的；性恶论也不否认人性中有善的一面，只是错把习性当做本性了。有点奇怪，从王国维的诗词文章看，应该是读了不少儒经佛典的，怎么还会犯这种常识性错误呢。

王国维在文中列举了中国哲学史中的性善论、性恶论，自以为是地认为它们都能持之有故、言之成理，又都可以驳倒，故认为性善性恶是不能讨论的。他说：

“至执性善、性恶之一元论者，当其就性言性时，以性为吾人不可经验之一物故，故皆得而持其说。然欲以之说明经验或应用于修身之事业，则矛盾即随之而起。余故表而出之，使后之学者勿徒为此无益之议论也。”（王国维《论性》）

把这么重要的哲学问题归于“无益之议论”，实在可惜。于此可见，王国维于良知仁性（或曰真如佛性）茫茫然，既不能信也不能解，更谈不上证了。不论以佛道儒哪一家标准衡量，他都没有入门，称之为国学大师有点名不副实。还是称词学大师或史学大师更恰当些。

五、《论语点睛》简介

仁者，人之本。仁是每一个人的本性，即生命本质和本质生命。借用康德“物自身”的说法，人的肉体和意识都属于现象，本性则属于人这种“物”的“物自身”。从本质上或“人自身”说，每一个人都是天生的儒家。

然而，人人习性犹如其面，千殊万异，每个人的本性不同程度地受到习性的遮蔽和污染。只有经过一番艰苦卓绝的克己复礼、自我修炼的工作，才有可能转染成净、去习归本，才有机会明自本心、识自本性。人坏起来没有底，好起来不封顶，可以成佛成圣。而儒家是引导人类向上的最佳道路和方向。

佛道儒三学都是很好的自我修炼的方法和教材，相比而言，儒家又具有最高的普适性——普遍适合上中下根。儒家道德，兼具道德性与政治性（制度性）、科学性与宗教性、道义性和功利性、利己性与利他性、自由性与约束性、忧患性与快乐性、先进性和保守性、有序性和无限性等特性。仁作为众德之首，不仅将社会与个体、政治与道德打成一片，而且将人与天、器与道、现象与本质、有限与无限、形而下与形而上、此岸与彼岸通而为一。真可谓“极高明而道中庸，极广大而尽精微”。

儒者，人之需，儒家是每一个人的家。同时儒家不仅尽己之性，并且自立立人，尽人之性，尽物之性，裁成天地之道、辅相万物之宜。对于儒家来说，格致诚正，修齐治平，都是明明德、致良知的方式和渠道。简而言之，一切科学实践、道德实践和政治社会实践，都是对仁的践履，都是成仁的途径。古诗云："除却巫山不是云。"于东海而言，"除却儒家不是家"。

成仁就是致良知。儒家经典是致良知最好的方法和教材，其中又以《论语》最为深入浅出、通俗易懂，最适合非专业人士学习。用佛教的话说，叫"三根普被"——普遍适合上中下各种根器的人，适合各个时代的各种人。

要正确、充分地把《论语》这部教材用好，首先必须对祂有正确的理解和全面的领会。现在一些学者，对儒学一知半解都谈不上，纯属外行，却纷纷"替儒说道"，或拿经典开涮，以种种曲解误导读者。儒家经典本来可以破障开智，经过大量外行、自以为是的解释之后，作用负面化，反倒设障增愚了。

由于古今文字的差异、历史环境背景的不同和读者智慧水平、阅读能力的区别等原因，对《论语》，不仅一般人士会产生误解，便是古今大儒大师也常常会出偏出差。

明清四大高僧之一的蕅益大师做过《论语点睛》。蕅益将儒家的“仁”诠释成佛教的“如来藏性”而为《论语点睛》之思想核心。其《四书蕅益解序》说：“解《论语》者曰点睛，开出世光明也。”可见蕅益是借儒家这部经典阐发“出世”思想。

儒家仁性与佛家佛性所指相同，都是指人之本性。佛说：“一切众生皆有如来智慧德相，但以妄想执着不能证得。”“妄想执着”即习性障碍，非常深重牢固，世人不能成为真人至人（道家）、佛菩萨（佛家）和圣贤（儒家），就是为其所障；“如来智慧德相”即本性，佛道儒千经万论，方法各异，根本日的无非教人信此、解此、行此、证此，证得其中无相光明。

但两家对“这个东西”的解悟认证有所不同。概乎言之，两家性体皆“无灭”，此其同；儒家“生生”，佛家“无生”，此其异，是两家根本性区别所在。仁性即不易又变易，即寂然不动又感而遂通，即空寂又生生，大生广生又天行健……儒家所证较佛教的圆教更圆。

儒佛可以求同，但不能不辨异。以佛理解释儒经不是不可以，前提是把握住儒家的仁义原则，包括民本、人道、仁政、德治、经权、中庸等思想，否则难免偏离儒家根本。蕅益大师站在佛教立场上为《论语》点睛，“以世间儒书作佛教出世之阶”，把《论语》佛教化了。即使某些“点”上不乏深刻，但在“面”上、整体上也无法做到准确中肯，关键所在无法起到画龙点睛的作用。点论语之睛的工作，只能由儒者来完成。

两年多前，东海作《论语点睛》，已告完成。本书内容共分注释、试译、点睛三部分，以点睛为重心。

【点睛】长短不一，品类参差，或阐本义，或发议论，或臧否人物，或就文论事论理，或借题发挥、引而申之，或引证他人著述加以己意评析，诸如此类，不一而足。注释与试译仅是为了方便读者，“点睛”是东海耗费时间、精力最多的部分，也当是本书最有价值、最为“耀眼”的亮点。至于《论语》这条龙的睛是否被点亮，是我注《论语》还是《论语》注我，且交给读者去评判吧。

【注释】包括音读、字、词、句的解释以及收录古人的注解。本书采取的是“雨枫轩”网站《论语》电子书（原文 + 注释 + 译文），该书由 cpx90 整理，OCR 校对。故本书部分音读、字、词、句的解释及试译参考了该书的注释及译文。古注主要从朱熹《论语集注》（简称《集注》）和程树德《论语集释》（简称《集释》）二书中选优，兼采它书之优异者。

【试译】翻译力求信达雅，即准确、通顺、文字优美。希望这是至今为止《论语》在古译今方面比较好的一本。

《论语》的注解古今甚多，各有优长也各有不足。在以儒解儒的注解本中，古人以朱熹《论语集注》为优，今人以钱穆《论语新解》为长，为了方便读者，特选其佳者附于“注释”或“点睛”中。但两人的注解仍不尽妥帖（钱穆的注解很大部分是间接化用或直接引用朱熹的）。本书注译集二书之长的同时，参考了《论语集释》中的各家注释，还参考了其它十余种相关书籍及论文。争取一册在手，精华毕览，传道解惑，尽在其中。

第二章 《孟子》：大义凛然

一、政治大义

孟子是与孔子齐名的圣人，很多故事、成语、熟语、常用词和典故都与孟子有关，如“孟母三迁”“五十步笑百步”“缘木求鱼”“寡不敌众”“揠苗助长”“仁者无敌”“天时不如地利”“地利不如人和”“尽信书不如无书”“天将降大任于斯人也”“不孝有三，无后为大”“富贵不能淫，贫贱不能移，威武不能屈”等等。

孟子作为儒家亚圣，自然具有王道追求。他为了推行仁政曾到处游说诸侯，到过梁（魏）、齐、宋、滕、鲁等国，但其学说被普遍认为“迂远而阔于事情”，不为世用，遂退居讲学，并“述仲尼之意，作《孟子》七篇”。继承孔子，提出了一套完整的政治思想。

孟子认为君主负有保护人民和维护国家的责任，要“泛爱众”“亲亲而仁民”“老吾老以及人之老，幼吾幼以及人之幼”。其仁政具体内容包括政治、经济、教育以及统一天下的途径等，要求君主与民同乐，戒战戒杀，省刑罚，减赋税，苏民困，使民以时，制民恒产，让每家农户有百亩之田、五亩之宅，有起码的生产资料，政府要关怀救助鳏寡孤独等穷愁困顿者，提倡人格和道德教育等，具有相当鲜明的人民性和人道主义特征。

孟子说：“无恒产而有恒心者，惟士为能。若民，则无恒产，因无恒心。苟无恒心，放辟邪侈，无不为已。及陷于罪，然后从而刑之，是罔民也。焉有仁人在位，罔民而可为也！”

这是强调要保障民众有恒产，否则就是“罔民”，陷害民众。

孟子还特别强调尊重民意。

《孟子·梁惠王》载：“王曰：‘吾何以识其不才而舍之？’曰：‘国君进贤，如不得已，将使卑逾尊，疏逾戚，可不慎与？左右皆曰贤，未可也；诸大夫皆曰贤，未可也；国人皆曰贤，然后察之，见贤焉，然后用之。左右皆曰不可，勿听；诸大夫皆曰不可，勿听；国人皆曰不可，然后察之，见不可焉，然后去之。’”

这是孟子与齐宣王之间的一段对话，要求君主在进行政治决策时要参考、尊重、听从民意，在“进贤”的时候，以民意为最重要的取舍标准。

民本是尧舜禹汤、文武周公等历代圣贤政治“一以贯之”的政治原则，但孟子“民贵君轻”的表述特别明确到位。其名言“民为贵，社稷次之，君为轻”，蕴含着强烈的民主光芒，可以称之为中国特色的民主思想。

孟子整句话是这样的：

“民为贵，社稷次之，君为轻。是故得乎丘民而为天子，得乎天子为诸侯，得乎诸侯为大夫。诸侯危社稷，则变置。牺牲既成，粢盛既洁，祭祀以时，然而旱干水溢，则变置社稷。”（《孟子·尽心》）

意思是说，得到天子器重才可以成为诸侯，得到诸侯欢心才可以成为大夫，得到百姓拥护才可以成为天子。

孟子的意思非常明显，人民是主体力量，决定性的力量，是权力主体，民就是本，就是主，而不是被决定对象。在政治秩序中，民是第一位的，民这个主体决定天子的产生。这可以说是古典特色的“主权在民”思想，是“人权高于主权”的古典表达。

孟子接下去仍然毫不客气地坚持民主思想。得到民主出来的政治结果之后，更得寸进尺地要进行民主监督，他说：“诸侯危害了国家，就要改立别人；祭祀用的牲畜已经长得肥壮，祭祀用的谷物已经处理洁净，就要按时致祭，但是仍遭水旱灾害，那就改立社稷的神祇！”在那个天命观念很重的年代，孟子对神祇毫不妥协的精神是多么可贵。对待神祇尚且如此，也就难怪对国君等统治者那么不客气了！

《孟子·梁惠王》又介绍了一个“王顾左右而言他”的故事。

孟子谓齐宣王曰：“王之臣，有托其妻子于其友，而之楚游者，比其反也，则冻馁其妻子，则如之何？”王曰：“弃之。”曰：“士师不能治士，则如之何？”王曰：“已之。”曰：“四境之内不治，则如之何？”王顾左右而言他。

孟子对齐宣王说：“您有一个臣子把妻室儿女托付给朋友照顾，自己游历楚国去了。等他回来的时候，他的妻室儿女却在挨饿受冻。对这样的朋友，应该怎么办呢？”

齐宣王说：“和他绝交。”

孟子说：“如果司法长官不能管理下级，那怎么办？”

齐宣王说：“罢免他。”

孟子说：“如果君王不能治理国家，那怎么办？”

齐宣王望望两旁的随从，把话题扯到别处去了。

司法长官不能管理下级，应该撤职。根据这个逻辑，君王不能治理好国家，也应该主动辞职，或者被罢免呀。孟子没有涉及向谁辞职或由谁罢免的问题。在那个时代，能够提出问题，已经很了不起了。

孟子认为，国内问题和国际事务都要视民心民意而定。例如对战争，儒家通常情况下持反对态度，但也不尽然。对于正义的，符合人民利益和愿望的战争，孟子就十分支持。《战国策·燕策》载，孟子曾直截了当地对齐宣王说："今伐燕，此文武之时，不可失也！"说明孟子是主张齐宣王侵占燕国的。

《孟子》记载，齐国攻打燕国，大获全胜。有人劝他不要吞没燕国，有人又劝他吞并燕国。齐宣王问孟子如何选择，孟子对曰："取之而燕民悦，则取之。取之而燕民不悦，则勿取。"意谓："如果燕国人民欢迎，就吞并它；如果不愿意，就不要吞并它。”

齐国人攻打燕国，占领了它。但齐国军队无恶不作，引起了燕民的抗争，一些诸侯国在谋划着救助燕国，一场“世界大战”就要爆发。齐宣王又问计于孟子。孟子由商汤的征伐，说到民心的向背，说：“商汤王的讨伐军打到哪里，就受到哪里人民群众的欢迎，甚至他们不去哪里，哪里的人民群众还会抱怨。因为商汤王的军队只杀暴君，而不惊扰百姓，所以百姓盼他们就像盼及时雨一样。现在呢，本来燕国百姓以为齐国军队是来解放他们的，所以箪食壶浆夹道欢迎。不料齐国军队成了使燕国人民‘水益深，火益热’的强盗。这怎么能让燕国人民容忍，又怎么能让各国诸侯服气呢？”孟子要齐宣王“悬崖勒马”，赶快撤军。

万章曰：“尧以天下与舜，有诸？”孟子曰：“否。天子不能以天下与人。”“然则舜有天下也，孰与之？”曰：“天与之。”“天与之者，谆谆然命之乎？”曰：“否。天不言，以行与事示之而已矣。”曰：“以行与事示之者如之何？”曰：“天子能荐人于天，不能使天与之天下；诸侯能荐人于天子，不能使天子与之诸侯；大夫能荐人于诸侯，不能使诸侯与之大夫。昔者尧荐舜于天而天受之，暴之于民而民受之，故曰：天不言，以行与事示之而已矣。”曰：“敢问荐之于天而天受之，暴之于民而民受之，如何？”曰：“使之主祭而百神享之，是天受之；使之主事而事治，百姓安之，是民受之也。天与之，人与之，故曰：天子不能以天下与人。舜相尧二十有八载，非人之所能为也，天也。尧崩，三年之丧毕，舜避尧之子于南河之南。天下诸侯朝觐者，不之尧之子而之舜；讼狱者，不之尧之子而之舜；讴歌者，不讴歌尧之子而讴歌舜，故曰天也。夫然后之中国，践天子位焉。而居尧之宫，逼尧之子，是篡也，非天与也。太誓曰：‘天视自我民视，天听自我民听’，此之谓也。”（《孟子·万章》）

意思是说，尧把舜推荐给天，天接受了，天又把舜公开介绍给百姓，百姓接受了，于是舜就作了天子。在孟子看来，天子的权力来源于“天”与“民”两方面，但“天”与“民”实际上是不二的，天虚而民实，天意民意一体同仁。所以，实际上可以理解为主权在“民”，民意才是政治权力的来源。百姓同意，舜才作了天子。

二、大丈夫气概

孟子是依循“内圣外王”的思路构筑人生理想和价值的，他肯定治国平天下的功利价值，更重视修身诚意的道德价值。比起孟子的外王理想，更加耀眼的是他对孔子内圣学的继承和发展。

孟子那种以德行为财富的高尚情操，以道义为中心的倨傲风范，那种“说大人，则藐之”的狂狷人格，那种“圣人与我同类，万物皆备于我”的充满主体意识的心态，那种“当今之世，舍我其谁”的以天下为己任的责任感和使命感，那种顶天立地的大丈夫精神，对后世士大夫阶层人格产生了巨大的鼓舞和深远的影响，至今仍然值得人们引以为楷模。

《孟子·滕文公》里这一段话是他大丈夫精神的最佳写照：

“居天下之广居，立天下之正位，行天下之大道；得志，与民由之；不得志，独行其道。富贵不能淫，贫贱不能移，威武不能屈，此之谓大丈夫。”

孟子也是很善于抨击现实的。孟子曰：“古之为关也，将以御暴；今之为关也，将以为暴。”古代设立关卡是为了抵御强暴，如今设立关卡是为了实施强暴；又“孟子见梁襄王，出，语人曰：望之不似人君，就之而不见所畏焉。”《孟子》一书中类似的现实批判很多。

孟子以大丈夫精神自励和勉励后人，再三教导不能“苟且”，不能“诡迂”，不能“钻穴”，不能行“妾妇之道”，言论、行为、手段要合乎“大丈夫之道”。有了这样一种精神，当然就不失赤子之心，就可以穷不失义，达不离道，就能够毁誉不动，宠辱不惊，自爱自尊，笑傲王侯。宋朝陈普有一首七绝赞美孟子的大丈夫精神：

《孟子·大丈夫》

玉食珍馐不谓荣，箪瓢陋巷岂为贫。

亭亭当当无偏倚，宇宙纲常任自身。

亭亭当当，即亭当，妥当，合宜之意。中庸之道，无偏无倚，恰恰好。

孟子为推行其政治主张，辛劳奔波，不遗余力，在那个充满诡诈、倾轧、势利、强权的时代，依然保持大丈夫的倨傲形象，丝毫不肯暂时性弯曲自己。孟子学生陈代劝孟子“枉尺而直寻”，以屈求伸，如苏秦、张仪等纵横家那样，先“委屈”自己，博得诸侯们的好感，再慢慢实施自己的思想主张。孟子坚决不同意。他谴责那些不由其道，不择手段去争取做官的人，颂扬“志士不忘在沟壑，勇士不忘丧其元”的方正刚直为行为，强调君子在立身处世上不能苟且，不能投机取巧、机会主义。虽然孔孟都很倡导“通权达变”，但在立身处世的原则性问题上，却是非常认真的。

公孙衍、张仪二人游说诸侯，合纵连横，名震天下，乃战国时“一怒而诸侯惧，安居而天下熄”的“大人物”。

孟子却不屑一顾，认为此二人没有仁义、没有原则，无非擅长摇唇鼓舌、曲意巴结、溜须奉承等“妾妇之道”而已，根本不配“大丈夫”之称。

浩然之气，至大至刚，乃“集义”所得，由平时精心培养，长期积累所得。孟子的大丈夫精神，是其内在“浩然之气”的深厚培养和自然抒发，故狂而不妄，奇而不怪，毫无虚骄做作之态。另外，比较《论语》的文字简约含蓄，《孟子》有许多长篇大论，并且更加气势磅礴，议论尖锐雄辩。

所以后世有理学家批评孟子“有英气”，洵为知言，却说什么“纔有英气，便有圭角，英气甚害事”，狭见也。有圭角锋芒，恰是孟子有血有肉、可敬可爱处，是大丈夫精神的自然流露，具有一种英雄主义的人格魅力。

《孟子·公孙丑》有个“不召之臣”的故事，典型地体现了孟子这一大丈夫风范：

一日，孟子准备去朝见齐王，碰巧齐王派人给他传话说：“我本应来看你，但因寒疾不能吹风，所以今天来不了。明日早朝的时候，不知你能否来见我？”孟子一听这话，也称自己身体不舒服，无法上朝。到了第二天，孟子却外出吊丧去了。大夫景丑知道这事后，很不理解，批评孟子做得不对。孟子答道：“将大有为之君，必有所不召之臣；欲有谋焉，则就之。其尊德乐道，不如是，不足与有为也。”意思是说，大有作为的君王，必有“不召之臣”。有什么事要商量，君王应亲自前去讨教，倘若连这点都做不到，就不足和他共事了。

孟子特别有道德自尊，也特别有文化自信。

《孟子·公孙丑》中载：“五百年必有王者兴，其间必有名世者。由周而来，七百有余岁矣。以其数，则过矣；以其时考之，则可矣。夫天未欲平治天下也；如欲平治天下，当今之世，舍我其谁也？”

孟子说：“从历史上来看，每五百年就会有一位圣贤君主兴起，其中必定有名望很高的辅佐者。从周武王以来，到现在已经七百多年了。从年数来看，已经超过了五百年；从时势来考察，也正应该是时候了。大概老天不想使天下太平了吧，如果想使天下太平，在当今这个世界上，除了我还有谁呢？”

“五百年必有王者兴，其间必有名世者。”这是孟子的政治历史观，对后世有着深刻影响。依此推算，孟子时代应有“王者”兴起了，而孟子觉得自己就是那“名世者”。可孟子周游列国，就是没有发现。没有“王者”，“名世者”

又怎能显现出来呢？所以才如此惆怅，自我解嘲说“夫天未欲平治天下也”。

不仅孟子为然，尧舜禹汤、文武周公孔子、程朱王阳明，自古圣贤无不具备这种强烈的文化道德自尊心、自信心和政治社会历史责任感。拿破仑说：“不想当将军的士兵不是好士兵。”东海学舌说：“不想当圣贤的儒者不是好儒者。”儒者不应该以圣贤自封，却应该以圣贤自期。

孟子作为儒家亚圣，对历代士大夫的人格影响是巨大的。他的思想、品格和精神依然历久弥新，启发了历代进步知识分子的尊严意识和叛逆精神，成了他们批判现实、抨击苛政、为民请命、改良社会的思想武器和精神资源。那种虽千万人吾往矣的特立独行，那种为民请命的以道自任、当仁不让，那种贫贱不能移、威武不能屈的大无畏精神和大丈夫品格，作为一笔巨大的精神资源，值得我们去挖掘。

孟子不愧为真善美的典型，大丈夫的代表。大丈夫，贵在一个“大”字，大仁、大义、大知、大德、大尊严也。这种大丈夫精神，陶冶着我的情操，鼓舞着我的斗志，开阔着我的心胸和视界，让我自信、自贵、自尊、自强、敢言、敢怒、敢想、敢干，让我在高压下保持思想的独立和自由。

吾仰孟夫子，每读《孟子》，深感处处闪耀着思想和人格的光辉，深感与夫子意气相投、心灵相契、精神相通，深感当今国人向孟子学习、向孟子看齐的必要性。

三、大无畏精神

大丈夫必然大无畏，虽千万人吾往矣，再多的人反对，也不影响对原则的坚定、对真理的坚持。虽千万人吾往矣，首先要理直，确信自己所言是正义真理，所行是直道正道。理直才能气壮，才能拥有“虽千万人吾往矣”的浩然正气。

“自反而不缩，虽褐宽博，吾不惴焉。自反而缩，虽千万人吾往矣。”《孟子》中介绍的这句话，是曾子闻之于夫子的。大意是：“扪心自问，如果理亏，即使面对的是穿粗衣的卑贱之人，我能不惴惴不安吗？扪心自问，如果是正义的，即使面对千军万马，我也勇往直前。”

关于“缩”字，《礼记·檀弓》曰：“古者冠缩缝，今也衡缝。”孔颖达《正义》云：“缩，直也。”就是说，古语中“缩”和“衡”是相对的，衡是“横”，缩就是“直”。在孟子的话里，可以解释为“理直”“正义”。所谓理直气壮，理直才能气壮，理直自然气壮。

儒家的大无畏是建立在理性和道义基础上的大勇，与蛮人的暴虎冯河、邪教的亡命之徒的性质截然不同。简而言之，勇者不惧，是建立在仁者不惑、智者不忧的基础上。

曾有人笑我亡命徒。本人虽答“然哉然哉”，其实心不服。盖儒者虽千万人吾往矣，必要时甚至不惜杀身舍生，但那是为了成仁取义，是大丈夫，非亡命徒。两者表现相似而实质大异：亡命徒多是恶徒罪犯，对自己和他人的生命都不尊重；大丈夫必是仁人义士，仁义为怀，为了爱人、利他、救世度人而勇往直前而大无畏。

在孟子，这种大无畏精神，源于其“浩然之气”。

（公孙丑问曰）：“敢问夫子恶乎长？”曰：“我知言，我善养吾浩然之气。”“敢问何谓浩然之气？”曰：“难言也。其为气也，至大至刚，以直养而无害，则塞于天地之间。

其为气也，配义与道；无是，馁也。是集义所生者，非义袭而取之也。行有不慊于心，则馁矣。”（《孟子·公孙丑》）

孟子在这里阐述了什么是“浩然之气”和如何培养的问题。“浩然之气”有两个特点，一是“至大至刚”“塞于天地”，最为伟大刚强，充满于天地之间；二是“配义与道”，与义和道互相配合。“义”即正义，《孟子·离娄》载：“义，人之正路也。”道即仁道。

培养“浩然之气”的方法有二，一是“直养而无害”，以正知正见去培养，不加以损害。直，直见，正见，正确的知见和思想。《说文解字》云：“直，正见也。”

二是“集义所生”。不断地做善事、正义的事。平时事事循理合义，等于把正义积累汇聚起来，就会产生“浩然之气”。集义也就是积善。

孟子还从反面指出浩然之气“非义袭而取之也”“行有不慊于心，则馁矣”。它不是偶尔的、突如其来的正义行为而取得的；若有愧心事，它就贫乏了，气馁了。孟子从正反面强调了养气功夫的严格性和长期性。

孟子的养气功夫还可以分为养勇、持志、集义、寡欲四个步骤。

关于养勇，孟子指出，北宫黝与孟施舍的勇，都是血气之勇，未必合乎理义，但也能不动心，有值得参考学习之处。朱熹认为：

“北宫黝盖刺客之流，以必胜为主而不动心；孟施舍盖力战之士，以无惧为主而不动心；黝务敌人，舍专守己。子夏笃信圣人，曾子反求诸己，故二子之与曾子、子夏虽不能相比，然论其气象，则各有其相似之处。”

关于持志，孟子说：“持其志，无暴其气。”（《孟子·公孙丑》）“志气”二字常常并用，其实有所不同，志更为根本，志士之心，气为情之感，要持守心志，以志为气之帅，即以志为气的主宰，使气能听命于志，以免意气用事。但有志无气也不行，那会因循退缩。所以要志之所至，气即随之。

关于寡欲。孟子说：“养心莫善于寡欲。其为人也寡欲，虽有不存焉者寡矣；其为人也多欲，虽有存焉者寡矣。”（《孟子·尽心》）养心即明明德、致良知的功夫。要养心，最好的法门是减少、节制嗜欲，嗜欲少，外物不能诱，所以心存而不放；嗜欲多，心为外物所诱，则心放而不存。

集义是养气的积极方面，有所为，寡欲是养气的消极方面，有所不为。而后才能安贫乐道，确立大本，成为“富贵不能淫，贫贱不能移，威武不能屈”的大丈夫。

集义养气功夫，还包括“勇于改过”和“从善如流”两个方面的修养。

孟子曰：“子路，人告之以有过，则喜。禹闻善言，则拜。大舜有大焉，善与人同，舍己从人，乐取于人以为善。自耕稼陶渔以至为帝，无非取于人者。取诸人以为善，是与人为善者也。故君子莫大乎与人为善。”（《孟子·公孙丑》）

孔子说：“过而改之，善莫大焉。”君子要勇于改正自己的缺点。又说：“丘也幸，苟有过，人必知之。”能够把别人给自己指出过错看作一大幸事。又说：“三人行，必有我师焉。择其善者而从之，其不善者而改之。”

子路在孔门，登堂而未能入室，但他有一个很大的优点，闻过则喜，听到别人给自己指出过错就高兴。大禹也是这方面的模范，他听到善言，就要行一个大礼。

比起子路、大禹来，大舜更高一筹。“善与人同，舍己从人，乐取于人以为善。”别人有善处、长处、优点，就向人看齐，向人学习，顺从别人，吸取过来，为我所用。这就是“与人为善”，偕同别人一起做善事。现在成语“与人为善”，指善意帮助别人，与孟子的意思密切相关，又有所不同。

诸恶莫作，众善奉行。儒家之善，包括政治制度法律之善，即仁政良制、良法，这是大善，更应该“善与人同”，更值得“乐取于人”。这种从善如流、海纳百川的态度和精神，充分体现了儒家的开放性。注意，不要一见到“仁政”就联想到专制，宪政就是现代仁政，儒家宪政则是最好的现代仁政。

《孟子·告子》记载，鲁国想让乐正子管理国家政事。孟子听说后，喜而不寐。公孙子问：“乐正子刚强吗？”答道："不。""有智慧谋略吗？"答道："不。""见多识广吗？"答道："不。"公孙丑于是说："既然这样，先生为什么高兴得睡不着呢？"孟子的回答是："其为人也好善。""好善优于天下，而况鲁国乎？"

好善，就是"乐取于人以为善"。只要好善，一切都好说，治理天下都绰绰有余，何况鲁国呢。因为，"夫苟好善，则四海之内，皆将轻千里而来告之以善。"如果好善，天下之人都愿意不远千里地赶来，告之以善。各种善言何愁不能落实，各种善事何愁不能奉行，各种善制善法何愁不能建设？

四、对症下药的时代性

儒家学说被称为孔孟之道。但比起孔子来，孟子显得特别敢言敢怒，激情澎湃，光芒闪烁。伊川、程颐在高度推崇的同时不无微词，说孟子有英气，认为“才有英气，便有圭角。英气甚害事”(《四书集注》)。

但我认为，孟子的英气，与其所处的时代环境有关。比起孔子所处的春秋，孟子的战国，政治、社会、文化生态更加恶劣了。英气未必害事，而是孟子的因时制宜和对症下药。

春秋礼崩乐坏，但在不少的政治家和文化人身上，还流露和体现着一定的道德礼乐精神。正如子贡所说：“文武之道，未坠于地，在人。贤者识其大者，不贤者识其小者，莫不有文武之道焉。”（《论语·子张》）可谓是：礼乐制度虽已矣，文采风流今尚存。

文武之道，指文王、武王的谟训功烈和西周的礼乐制度。文武之道已坠，但未坠于地，贤者识其大者，不贤者识其小者，无处不有文武之道在。例如宁死不屈的齐太史一家，不毁乡校的郑国执政者子产，发誓“我必覆楚”也至于弃小义、雪大耻的伍子胥等等，这些耳熟能详的人物，他们有的并非儒家，但身上都充满了道德精神，体现着君子风范。

春秋霸道颇有道德精神，“尊王攘夷”符合儒家原则。故孔子虽不许齐桓公以仁政之正，却又赞叹“如其仁，如其仁”。这就叫“文不予而实与”，属于春秋智慧。

“霸”亦作“伯”，《一切经音义》卷二引贾逵曰：“霸，把也，言把持诸侯之权也。”与后世恶霸、霸权主义的霸不同。《左传·成公二年》：“四王之王也，树德而济同欲焉；五伯之霸也，勤而抚之，以役王命。”东海曾经指出：

霸道似儒非儒，是儒法两家的杂交，但做好了，也可以为儒家所认可。例如孔子对行霸道的管仲就赞许说“如其仁，如其仁”。

春秋时代，周室衰微，北有北狄，南有楚夷，掳掠诸夏，大肆扩张。东周内忧外患，岌岌不可终日。齐桓公和齐相管仲，外抗楚狄，内联诸侯，会盟葵丘，建立霸权，旨在尊王攘夷，同时禁抑篡弑，裁制兼并，同盟诸国，互不侵犯，如有争端，会盟公断，如有外寇，互助互救。

故这种霸道得到儒家相当程度的认可，《春秋》治升平，有大法四，其一就是“奖诸夏能持霸权以制夷狄”（熊十力语）。可见，霸道固然逊色于王道，但不是王道的对立面，在华夷之辨中仍然属于“华”。

孟子说：“以德行仁者王，以力假仁者霸。”这个假，是假借、借助的意思。假仁假义，要作出仁义的样子。由于文化道德力量的潜移默化，有可能弄假成真。孟子又说：“尧舜，性之也；汤武，身之也；五霸，假之也。久假而不归，恶知其非有也。”（《孟子·尽心》）

都讲仁义，尧舜是天性，从心所欲，自然而然；汤武是修养，身体力行，反身而诚；五霸是假借仁义之名作幌子，但久借不还，就类似于自己拥有了。可以说霸道“假仁假义”，但与现代意义上的伪君子、假道德有所不同。

在《东周列国志》第三十四回“宋襄公假仁失众，齐姜氏乘醉遣夫”前，清朝的蔡元放有一段评论，其中谈到霸道时说：“霸与王异，为其以力而不以仁也。而霸与暴异，为其仍以仁义为名也。”“以力假仁”虽“其仁非出自本心”，但也不完全是假仁假义，既要“以仁义为名”，也要“一般也行些仁义之事，使人既畏我之力，又贪我之仁”。

进入战国，礼乐进一步崩坏，到了商鞅和韩非子得志，“文武之道”就彻底“坠于地”了，儒家文采风流，完全扫地以尽。时代背景不同，孔孟的表现自然同中有异。

比如孟子说：“杀一无罪非仁也。”君主杀了一个无辜，就有悖于仁。又说：“君之视臣如手足，则臣视君如腹心；君之视臣如犬马，则臣视君如同国人；君之视臣如草芥，则臣视君如寇仇。”又说：“贼仁者谓之贼，贼义者谓之残。贼残之人谓之‘一夫’。”如果君主无道，臣民不仅可以抛弃之，甚至可以推翻之、诛灭之。

这些观点，义理上与孔学一以贯之，但表达得特别直率尖锐，颇为惊世骇俗，容易犯忌。

又如关于义利之辨。在儒家个人、社会和政治伦理中，义与利并不冲突——不仅不冲突，而且相辅相成。原儒义利观（道德与利益的关系）是：道义挂帅，先义后利，见利思义，以义制利，利合乎义，义利并重，所谓君子爱财，取之有道。也就是说在追求利益的时候，要接受道德的制约，而道德的行为必然给人带来长远的利益。不论对个人还是对集体，对民众还是对国家，儒家的义利观都是最合情又合理、中正而适宜的。

儒家大经《易经》曰：“义者，利之和也。”意谓：利益的和谐就是义。可见原儒在讲到义利问题时，“义”字本身就包含了正当适宜的利益因素在里面，合情合理的利就是义，公利公益更是义。

然而，到了孟子，其表达得就有所不同。请看《孟子·梁惠王》记载的这一段：

孟子见梁惠王。王曰：“叟不远千里而来，亦将有以利吾国乎？”孟子对曰：“王何必曰利？亦有仁义而已矣。王曰‘何以利吾国’？大夫曰‘何以利吾家’？士庶人曰‘何以利吾身’？上下交征利而国危矣。万乘之国弑其君者，必千乘之家；千乘之国弑其君者，必百乘之家。万取千焉，千取百焉，不为不多矣。苟为后义而先利，不夺不餍。未有仁而遗其亲者也，未有义而后其君者也。王亦曰仁义而已矣，何必曰利？”

孟子拜见梁惠王。梁惠王说：“老先生不远千里而来，有什么利我国家的高见吧？”

孟子回答说：“大王何必言利？只要有仁义就行了。大王说怎样使我的国家有利，大夫说怎样使我的家庭有利，士人和庶民说怎样使我自己有利，上上下下互相争利，国家就危险了！在拥有万辆兵车的国家，杀害国君的一定是拥有千辆兵车的大夫；在拥有千辆兵车的国家，杀害国君的一定是拥有百辆兵车的大夫。这些大夫在万辆兵车的国家拥有千辆，在千辆兵车的国家拥有百辆，所拥有的不算不多。可是，如果把义放在后而把利摆在前，他们不夺得国君的地位是不会满足的。反过来，没有仁人却抛弃父母的，没有义士却不顾君王的。所以，大王只强调仁义就行，何必说利？”

乍一看，孟子似乎将“义”与“利”割裂开来了，其实并没有。因为孟子指出“未有仁而遗其亲者也，未有义而后其君者也”。王不言利而利在其中。

《资治通鉴》节录了《孟子》中孟子与梁惠王的对话之后，接下去写道：

初，孟子师子思，尝问牧民之道何先。子思曰：“先利之。”孟子曰：“君子所以教民者，亦仁义而已矣，何必利！”

子思曰："仁义固所以利之也，上不仁则下不得其所，上不义则下乐为诈也，此为不利大矣。故易曰：'利者，义之和也'，又曰：'利用安身，以崇德也'。此皆利之大者也。"

说明一下，关于孟子的师承问题，有三种不同说法：一，孟子是子思的再传弟子；二，孟子是子思的儿子子上的弟子；三，孟子是子思的弟子。主张第三种意见的学者有刘向、班固、赵岐、应劭、司马贞、韩愈、李翱、汪晫（宋）、康有为等。

再接下去是《资治通鉴》编者司马光的按语。

臣光曰："子思、孟子之言，一也。夫唯仁者为知仁义之为利，不仁者不知也。故孟子对梁王直以仁义而不及利者，所与言之人异故也。"

孟子的老师子思说，没有仁义，何来利益？政治最讲利益，仁义就是利益，利益是仁义的结果。司马迁认为，孟子与子思的对话，言辞有异而道理相同。子思对孟子强调利益，孟子对梁王强调道义，是因人设教。

道义不是利益，却是一切利益中最大的利益，是一切利益的基础和根本。“仁者无敌”“得道多助”这些古训，最清楚不过地说明了这个道理，世界各国的发展事实也充分证明了这个道理。君不见多数民主国家，民富国强；而特权国家，民众生活、国家综合实力都很差？各国强弱原因复杂，因“国”而异，但道义形象的优劣，也是其中要因之一。

五、仁宅义路，顺受其正

在孔子仁的基础上，孟子进一步提出“义”的概念。

如果说《论语》的核心是仁，《孟子》的要旨就是“义”。

文天祥绝笔说：“孔曰成仁，孟曰取义。”取义即舍生取义的缩略词。“舍生取义”语出《孟子·告子》：“生，我所欲也；义，亦我所欲也。二者不可得兼，舍生而取义者也。”意思是：生命是我所要的，正义也是我所要的，两样不能同时得到，我宁愿舍去生命而求得正义。

《孟子·离娄》中又说：“仁，人之安宅也；义，人之正路也。旷安宅而弗居，舍正路而不由，哀哉！”大意是说：仁，是人最安稳的住宅；义，是人最中正的道路。空着安稳的住宅不住，舍弃中正的道路不走，可悲啊！

仁义连用，仁为宅，义乃仁之路，仁为体，义乃仁之用；但义本身也是本，离开仁而单行，义自身就具备最高价值。

义，指正义、道义、大义，包括公正合宜的道理和行动，合乎正义、公益（包括民众、民族、国家利益）的举动。《中庸》说“义者，宜也”，义，就是适宜、合宜、恰恰好，与时中、中庸诸理念相通、意思相近。

董仲舒也把“义”诠释为“宜”，意为适宜、恰当，是实际生活中一切行为所必须遵守的基本准则。不同在于，他把“义”与“我”作了密切的联系。“义”的立足点是我，是针对我而言的适宜、恰当。董仲舒说：

“义者，谓宜在我者。宜在我者，而后可以称义。故言义者，合我与宜以为一言。以此操之，义之为言我也。故曰：有为而得义者，谓之自得。有为而失义者，谓之自失。人好义者，谓之自好。人不好义者，谓之不自好。以此参之，义，我也，明矣！”

儒家以仁义礼智信为五常道，其中仁义又是五常道中更加根本的常道，是儒家最基本的原则。关于仁义的关系，董仲舒认为“仁在爱人，义在正我”，强调为仁之法，在于爱他人，而不在于爱自己；行义之法，首要应该匡正自己，而不是对他人苛刻要求。在道德实践中，仁发于外，惠及广远；义发于内，从我做起。

仁义可以是并列关系，也可以是主次关系。仁是义的依据，义是仁的表现；仁是义的本质，义是仁的作用。大仁必义，大义必仁；不仁必然不义，不义必然不仁。

舍生取义与明哲保身不矛盾。在儒家，两者相辅相成，一体同仁。

“明哲保身”出于《诗经·大雅·烝民》：“既明且哲，以保其身。”孔颖达释：“既能明晓善恶，且又是非辨知，以此明哲择安去危，而保全其身，不有祸败。”这里的“明”指“明晓善恶”，“哲”指“是非辨知”。意谓明达事理、洞察时势的人，善于择安避危，保全其身。

儒家的“明哲保身”与现代作贬义词用的成语“明哲保身”有所不同，不是指因怕犯错误或有损自己利益，而对原则性问题不置可否的处世态度，而是避免不明不白地去做无谓的牺牲。孔子说：“暴虎冯河，死而不悔者，吾不与也。”那些徒手搏虎、徒步涉河的人鲁莽冒险、有勇无谋，成不了事，故孔子不赞同。

但明哲保身与贪生怕死、懦弱退缩性质不同。那种人无论是否能保身，都是不明不哲的，纵然“保身”了，保留下来的不过行尸走肉而已。

孟子说，可以死可以不死的时候找死，死伤勇，那是蛮夫，不是真勇；应该杀身成仁而怕死不死，那是懦夫，也伤勇、不义不仁。能够明哲保身是智，敢于杀身成仁是勇。一个仁者，应该以勇节智，以智导勇，智勇双全。这是儒家对待生命的中庸之道，基本原则。至于具体怎样情况“可以不死”，怎样的情况应该杀身，怎样杀身才能成仁，因时、因地、因人、因事而异，要具体情况具体分析。

孟子曰：“莫非命也，顺受其正。是故知命者不立乎岩墙之下。尽其道而死者，正命也。桎梏死者，非正命也。”(《孟子·尽心》)

大意是说，一切事物都有其命运，顺理而行就是承受正常的命运。因此知命者不站在岩石危墙之下。尽力行道而死的人，承受的是正命；犯罪受刑而死的人，就不是正命。

“知命者不立乎岩墙之下”，这就是儒家明哲保身的表现。

还有学者认为，孟子这句话中“莫非命也”与“知命者不立乎岩墙之下”自相矛盾。如近代学者刘师培说：

“惟中国旧说论命多歧，即如孟子‘莫非命也’，又曰‘知命者不立乎岩墙之下’，与前说背。话出一人之口，前后不同，此何故耶？诸君将此说研究清楚，则命之有无可以决，然于中国学术前途亦有莫大之利益。”（刘师培《定命论》，见《左盦外集》）

刘师培于儒家“命理”未能理解，所言皮相之论耳。孟子讲得很清楚，命有正命和非正命之分。命运非人力所能控制，但如何面对命运却是可以选择的。如果不是尽其道而死，而是对生命采取无所谓的态度，毫不自珍、自重，胡乱糟蹋生命，甚至铤而走险、作恶犯罪而死，那是自己找死，非正命也，用古人的话说，叫“自诒伊戚”，叫“自作孽不可活”。

孟子认为，尽力扩张心之善端，培养浩然之气，就能逐步认识到自我的本性，也就懂得了天命。正理而为，正道而行，接受的就是正命，反之则非正命。《韩诗外传》记载：

“哀公问孔子曰：‘有智寿乎？’孔子曰：‘然。人有三死而非命也者，自取之也。居处不理，饮食不节，劳过者，病杀之；居下而好干上，嗜欲无厌，求索不止者，刑杀之；少以敌众，弱以侮强，忿不量力者，兵杀之。故有三死而非命者，自取之也。诗云：‘人而无仪，不死何为？’”

很多时候，遭到病杀、刑杀、兵杀之人，都是自己背义违理、胡作妄为所致，有以自取，不能怨命。这里孔子所言与孟子之言同一义理，可以合观。

人一方面受命运的制约，一方面又有主观能动性，可以选择最佳行为方式，在一定范围内可以争取自己、他人和大众命运的最佳，这是人的主体性和生命尊严的最高体现。儒家有造命之说，兹不详论。

顺受其正的“正”字，是儒家的要旨之一，有正常、正义、正理、正道、中正、公正等意义。《春秋》大居正，居正，就是坚持正义；朱熹说：“中者天下之正道，庸者天下之定理。”中庸就是正道和正理。

子曰：“其身正，不令而行；其身不正，虽令不从。”（《论语·子路》）本篇下章又云：“苟正其身矣，于从政乎何有？不能正其身，如正人何？”都是强调政治家要品行端正；《大学》以“正心诚意”为内圣修养，为八条目之一。

或说儒家不问正义，只求和谐。正义，正是儒家的基本原则和追求，以直报怨，汤武革命，都体现了儒家对正义的强烈追求。和谐必须建立在正义基础上。没有正义，哪有和谐？

另外，孟子有句话最容易被误解。孟子说：“为政不难，不得罪于巨室。”专家学者每以此言责难孟子，或把它当作孟子代表奴隶主、贵族利益的证据，或认为这是孟子品格中的缺陷狡猾之处，认为这是两面派、势利眼的作风：一边主张舍生取义、民贵君轻，自诩富贵不淫、威武不屈、善养吾浩然之气，一边却害怕巨室，屈从权贵。这些理解，全都谬以千里。

高明些的将此言理解为：体现了孟子政治上现实的一

面和妥协的智慧。这没什么错，但仍然是肤浅的。对于古人的只言片语，不能孤立地看，需要结合当时的历史背景，以及上下文的整体语境去读，才能全面整体，从而正确地把握其中真义。对孟子这句话，尤应如此。

周朝（包括之前的夏商）的政治体制，纵的方面是君位世袭，横的方面则有氏族集团共治。这些世臣大家，也就是孟子所谓的巨室，势力很大，常拥有废立国君的力量和权力。

但春秋末年以后，新兴贵族开始走上了历史舞台，旧贵族的政治、经济和社会地位受到严重打压。这些新兴权贵思想的代表者法家，采取各种变法手段，无限度扩张君主的权力，实行恐怖霸道的统治，贵族共治的优良遗习逐渐消亡。

孟子之言就是在这样的历史背景之下“发”的，希望当时执政者在推行政策、措施时尊重贵族大家的意见，发扬贵族集团之间的“民主作风”，不要独裁独断，霸道专制。

再联系上下文读，孟子的整句话是：“为政不难，不得罪于巨室。巨室之所慕，一国慕之；一国之所慕，天下慕之；故沛然德教溢乎四海。”相对于新兴贵族和法家人物，旧贵族有恒产、有恒心，有善政德教的遗习，往往得到一国民众的信从悦服。“不得罪于巨室”，在某种程度上等同于不得罪于民众百姓。可见孟子此言，体现了他对专制淫威下人民苦难的深切关注，与他的民本思想一脉相承。

朱熹对孟子此言的注释和理解，比当今许多学者高明多了，谨附于此供参考：

盖巨室之心，难以力服，而国人素所取信；今既悦服，则国人皆服，而吾德教之所施，可以无远而不至矣。此亦承上章而言，盖君子不患人心之不服，而患吾身之不修；吾身既修，则人心之难服者先服，而无一人之不服矣。林氏曰："战国之世，诸侯失德，巨室擅权，为患甚矣。然或者不修其本而遽欲胜之，则未必能胜而适以取祸。故孟子推本而言，惟务修德以服其心。彼既悦服，则吾之德教无所留碍，可以及乎天下矣。裴度所谓韩弘舆疾讨贼，承宗敛手削地，非朝廷之力能制其死命，特以处置得宜，能服其心故尔，正此类也。"(《孟子集注》)

六、为《孟子译注》指瑕

之一、形色与天性

偶阅杨伯峻先生的《孟子译注》，发现对孟子某些话的理解和解释不够中肯，算是美玉有瑕吧，特据儒理直言指出数处。

一、孟子曰：“形色，天性也；惟圣人然后可以践形。”（《孟子·尽心》）

杨伯峻译：“孟子说：人的身体容貌是天生的，（这种外表的美要靠内在的美来充实它）只有圣人才能做到，（不愧于这一天赋）。”

东海曰：天性即天赋本性，是人的本质之生命、生命之本质。天性发而为形色，天性内在于形色，离开天性即无形色可言，离开形色亦无天性可言。形色与天性，即人的肉身与本性，是一而二、二而一的。

性为天，形色为人，天人不二；性为体，形色为用，体用不二；性为本，形色为末，本末不二；性为道，形色为器，道器不二；性为内，形色为外，内外不二；性为虚，形色为实，虚实不二；性为真，形色为幻，真幻不二；性为空，形色为色，空色不二；性为本质，形色为现象，本质现象不二；性为形而上，形色为形而下，形上形下不二。

践形，就是尽性，让天性通过身体、通过各种外在的实践得到最大程度的开发。“形色，天性也”，表述的是儒家极为重要的一个观点，也是儒家异于佛道的要点之一，将其解为“人的身体容貌是天生的”这样的话，过于肤浅了。

二、孟子曰：“万物皆备于我矣。反身而诚，乐莫大焉。”（《孟子·尽心》）

杨伯峻译：“孟子说：一切我都具备了，反躬自问，自己是忠诚踏实的，便是最大快乐！”

东海曰："万物皆备于我"，是就本性而言的，不能泛泛说成"一切我都具备了"，人之本性即天之本体（道体），万物以道体为本，这才是"万物皆备于我"的深意。对这一妙义真理，贤人解悟，圣人彻证。

"反身而诚"不仅是一般的反躬自问，而是"反"到自性深处，"反闻闻自性"，那才是乐在其中，至乐无穷。"反身而诚"的"诚"字，指的是天之本体、人之本性的特征，可以代表本体本性。

孟子此言可与《中庸》《孟子·离娄》中的两段话参读。"诚者，天之道也。诚之者，人之道也。诚者，不勉而中，不思而得，从容中道，圣人也。诚之者，择善而固执之者也。"(《中庸》)"诚者，天之道也，思诚者，人之道也"。(《孟子·离娄》)

杨伯峻先生的注解将大海解释成小溪了。类似泛而无当、隔靴搔痒的地方，还有一些，容易产生误导。如有人识得杨老先生，务请将东海意见奉告之，供老先生参考省思，倘能在有生之年一一修正其书，正本清源，则弘我儒家，造福后世兼自明本性、造福自己，岂不美哉。

之二、何为好善？

据诚明君相告，杨伯峻老先生是个十分平实的人，现已作古。特此致哀。老先生再无机会听闻采纳东海意见，这是最可哀的。相信老先生生前乃尊理重道之人，“九天”有知，谅不责我直言。再冒昧指出《孟子译注》几处瑕疵，以就正之。

《告子·章句》：鲁欲使乐正子为政。孟子曰：“吾闻之，喜而不寐。”公孙丑曰：“乐正子强乎？”曰：“否。”“有知虑乎？”曰：“否。”“多闻识乎？”曰：“否。”“然则奚为喜而不寐？”曰：“其为人也好善。”“好善足乎？”曰：“好善优于天下，而况鲁国乎？夫苟好善，则四海之内皆将轻千里而来告之以善；夫苟不好善，则人将曰：也也，予既已知之矣。’也也之声音颜色拒人于千里之外。士止于千里之外，则谗谄面谀之人至矣。与谗谄面谀之人居，国欲治，可得乎？”

杨伯峻先生将“好善”翻译为“喜欢听取善言”，就不够确切。这里的“好善”包括“喜欢听取善言”，但不限于此。仅此，亦不足以“优于天下”（治天下绰绰有余之意）。

好善主要包括乐闻善言、乐行善事、乐施善政、乐作善人等方面。对于为政者来说，乐闻善言可以集思广益，可以纳贤引才，是很重要的第一步，所以下面谈到好善的效果时，特别强调“四海之内皆将轻千里而来告之以善”。各种好的建议和意见是善言，儒家内圣外王、下学上达的道理，更是善言。

个人而言，好善的效果是成人成德，极至为成圣；在政治上，则体现为仁民爱物，对民众实行仁政，爱护万物和保护环境，建设王道政治。这才是最好的“好善”、最大的善事，为政者必须“好”这一口才行。

儒友云，诗无达诂。东海答曰：诗作为特殊艺术，比较特别。其余经典的文字训诂和义理解释则有“达”与“不达”之分，儒者应该精益求精。因为，训诂与义理、小学与大学有别而不二，某些字义、词义解释不精确，往往“道理”就深不下去。

之三、关于“天”

杨伯峻先生在《孟子译注》中认为，孟子作为孔子之学的继承者，对孔子学说不但有所取舍，而且有所发展。这是对的；认为孟子和孔子之论“天”稍有不同。“天”的意义，一般有四种。一是自然之天，一是义理之天，一是主宰之天，一是命运之天。

遗憾杨老先生未认识到，“天”在儒家，除了有自然、义理、命运诸义，还有道体之义。自然之天、义理之天、命运之天皆统一、归纳于道体之天。“天行健”指的就是道体之天，为“能生”；宇宙万物包括其余诸“天”都是其“所生”。

老先生接着写道：在《孟子》中还有一种意义比较艰深的“天”，其实也是义理之天，或者意义更深远些，如：“天不言，以行与事示之而已矣。”实质上，这种“天”，就是民意。孟子说得明白：“《太誓》曰：‘天视自我民视，天听自我民听。’”《孟子》中所谓“天吏”“天位”“天职”“天禄”“天爵”，都是这种意义；而这种意义，是《论语》中所没有的。

这一段话颇多不当。

老先生认知“在《孟子》中还有一种意义比较艰深的天”却认之为义理之天。义理者，道理也，原理也，主要指哲学层面的文本解读及相应的人文表达，即文本的含义、观点、思想内容，儒家义理又特指儒家经义，亦可指符合道德原则的行事准则。

“天不言，以行与事示之而已矣”的“天”，显然指的不是义理之天而是道体之天。因为，只有道体之天才能“行健”而“不言”“以行与事示之”。

这种“天”，更不“就是民意”。王道通三，一通民意，二通传统，三通道体。民意和传统，是道体分别在社会国家和历史文化两个层面的体现。民意在很大程度上代表了天意，所谓天视自我民视、天听自我民听，所谓天不言，以民意示之。但民意不等于天意，更不等于天道、道体。

还有，《孟子》中的天爵，指天然的、天赐的爵位，意谓高尚的道德。后人也有指天子所封的朝廷官爵，那是借指。《孟子》中的“天吏”“天位”“天职”“天禄”等，都有天赋和道德的意义。这与民意亦是有别的。

《孟子译注》中其它小错误还有不少。如“言人之不善，当如后患何。”（《孟子·离娄》）很多人都理解为：“说人家的坏话会有后患。”杨伯峻也如此解释：“宣扬别人的不好，后患来了，该怎么办呢？”

其实，这里所说的“言人之不善”，是就本性角度而言，即性恶，孟子意为：“宣扬鼓吹性恶论，后患无穷。”

有朋友曾借孟子此言劝东海不要批判当政者和批评不同意见者，以免招来后患，这令我哭笑不得。批判执政和异端的“不好”，乃历代大儒之常，是儒家政治社会文化责任的体现。孟子一生“正人心，熄邪说，距詖行，放淫辞”，严辨人禽、义利、王霸、夷夏之别，“言人之不善”的言论多着呢，还曾斥杨墨“禽兽也”。孟子可没有丝毫乡愿气。

清初大儒李颙曰：“正大光明，坚强不屈之谓刚，乃天德也。全此德者，常伸乎万物之上。凡富贵贫贱，威武患难，一切毁誉利害，举无以动其心。”（《四书反身录》）孟子贫贱不移，富贵不淫，威武不屈，刚勇无双，会在乎什么个人的“后患”。

第三章 《大学》：大哉儒学

一、从《易经》说起

在讲《大学》之前，我们来读《易经》中两句话。一，《易经·系辞》说："易与天地准，故能弥纶天地之道。……范围天地之化而不过，曲成万物而不遗，通乎昼夜之道而知，故神无方而易无体。"

易：指易理，《易经》所包含道理。准：等同，齐平。弥纶：包罗，遍论。弥：偏。纶：本指青丝绶，这里通论。范围：包括，法周。范：铸金之范，引申为法。围：匡郭，周围。“范围”，今人黄沛荣先生解作笼罩。曲成万物：根据万物之性而成就万物。昼夜之道：指阴阳刚柔之道。《系辞》：“刚柔者。昼夜之象。”方：处所。体：形体。

伏羲制卦，六十四卦是易之象；文王系辞和孔子十翼，发明的是易之理。易之体，则是作为“六艺之本”的仁，就天而言为乾元，它是没有一定的方所和形体的。“易无体”，并非没有体，而是强调易之体，无形无迹，不可见而已。正如马一浮先生所说：“无体，言其寂，非谓虚无也。一切诸法，皆其用之神。由此可知，其体无所不在，而非有一定之形体也。”

“范围天地之化而不过，曲成万物而不遗”的主体，即是乾元。所以乾卦《彖辞》说：“大哉乾元，万物资始，乃统天。”形而上的乾元道体，是万物产生的依据和资本。“统天”，统领宇宙，即“范围天地”之意。

乾元，就天而言为道体，就人而言为道心，也就是《大学》开头所说“明明德”的“明德”。明明德即致良知，明德、良知和易体，指的都是“同一个东西”，它无方无体，而又全体大用，可以“范围天地之化而不过，曲成万物而不遗”。东海有一首《良知颂》：

上天非高，上帝非神。金刚非坚，时间非恒。
唯我良知，至妙至真。统将万法，归于一身。
全体大用，即俗而真。自在无碍，象王游行。
无穷德智，无限潜能。无尽宝藏，无量光明。
无迹无相，随类现身。无为而为，大声无声。
不动而应，通天地人。上下内外，一体同仁。
金针度世，大法传心。望我仁者，如实践行。
东海潮起，地动山崩。真理必胜，儒家必兴！

《大学》的特征就在这一个“大”字。所谓全体大用，

体大用全。一是体大，天地万物一体之仁，天地万物都源于这个“体”；二是用大，作用大，范围大，

《易经》是“大哉乾元”，《大学》是“大哉学问”。王阳明有《大学问》一文。原意是关于《大学》的问答，有人解为“伟大的学问”，也可成立。

大学，即是明德之学、良知之学，体大用大，作用无穷，可以格物、致知、诚意、正心、修身、齐家、治国、平天下，“明明德于天下”。

明明德、致良知，就是尽心尽性。《中庸》说：“唯天下至诚，为能尽其性；能尽其性，则能尽人之性；能尽人之性，则能尽物之性；能尽物之性，则可以赞天地之化育；可以赞天地之化育，则可以与天地参矣。”

儒家强调成己、成人、成物。自尽其性，是成己；尽人之性是成人；尽物之性是成物。成物，就是曲成万物。在《大学》，格物、致知、诚意、正心、修身是成己，齐家、治国、平天下是成人、成物。

内圣外王是儒家的最高道德追求和政治理想。内圣成己，外王成人、成物。“大学之道，在明明德，在亲民，在止于至善。”明明德是内圣，为个体提供安身立命的仁宅；亲民是外王，为社会建筑长治久安的义路，止于至善是努力追求道德和政治的最高境界。

内圣又是更加根本的，外王以内圣为依托、基础和归宿；格物、致知、诚意、正心和齐家、治国、平天下，归本于修身。故《大学》说：“自天子以至于庶人，壹是皆以修身为本。”王阳明说：“明明德者，立其天地万物一体之体也；亲民者，达其天地万物一体之用也。”（《大学问》）

二、安身立命大学问

“安身立命”这个成语值得深思。“身”与“命”，世人多从身体的层面理解，意谓寝食安定、衣食无忧：有房子住就是安身了，有食物吃就是立命了。这是世俗肤浅的理解。

也有将“身”与“命”理解为身体与精神的：安身指在某处安下身来，立命指精神有所寄托。这仍停留于一般生命层面，并未触及本质，因为精神仍属于现象。立命者当然“精神有所寄托”，有艺术爱好、事业追求，都算“精神有所寄托”，但“精神有所寄托”并不等于立命。

中华文化从心性的角度理解“身命”。宋·释道原《景德传灯录》卷十：“僧问：‘学人不据地时如何？’师云：‘汝向什么处安身立命？’”

兹根据本质现象不二、内圣外王并重的精神，对“安身立命”一词作出儒家的解释。身，指生命现象（包括肉体现象与精神现象）；命，指生命本质、本性，即天命。《中庸》曰：“天命之谓性。”天之所命即人之本性本心。熊十力先生指出：

本心即万化实体，而随义差别，则有多名：以其无声无臭，冲寂之至，则名为天；以其流行不息，则名为命；以其为万物所由之而成，则名为道；以其为吾人所以生之理，则名为性；以其主乎吾身，则谓之心；以其秩然备诸众理，则名为理；以其生生不容已，则名为仁；以其照体独立，则名为知；以其涵备万德，故名明德。

心、性、命、道、天等概念属于多义词，在不同的典籍和话语环境中，其涵义有所不同。熊十力先生所言乃儒家的经典定义。

安身，各种权利得到基本保障，属于政治自由，有赖于良好的制度法律和社会环境；立命，明自本心，识自天性，成就仁体，属于道德自由，有赖于正知正见和优秀文化。

民主、法治、人权平等，在一定程度上可供安身，但消极于内在修养，不足以立命；佛道两家正好相反，擅长德行修炼，在相当程度上可以立命，但疏离了制度建设、政治文明，不足以安身。

唯儒家内外俱全：内圣学重在立己之命，自立而立人；外王学重在安民之身，安人又安己。儒家是真正安身立命的大学问。

外王学认同但不限于法治，而是进一步追求德治。东海认为，建立于法治基础上的德治才是长治久安的政治大道。同时，只有在仁本主义的指导下，民主才能最优秀，才最具中国特色。

儒家内圣学与佛道两家相似，外王学与自由主义相近，但都不相同，更有超越。内圣学赞赏但不限于“虚寂”，而是进一步证入“生生”。佛道儒三家所证本性同中有异，各有特征，所谓道虚佛寂。道家“虚静”，佛教“空寂”，儒家“生生”。

从“虚门”“空门”而入，所悟难免于道体有偏。从“生门”入，所证之道、所识之性、所明之心、所立之命最为大中至正。故三家之中，儒家最为全体大用。在人生、社会、政治等方方面面，其体用不二的宗旨表现得淋漓尽致。

对道体性体的认知差异，必然表现为世界观、生命观、价值观、人生观的不同。儒家的种种“观”，在孔子身上表现得最为集中和典型。例如孔子在社会、政治层面“知其不可而为之”的顽强，就与佛道两家有异。

《论语·宪问》载：子路宿于石门。晨门曰：“奚自？”子路曰：“自孔氏。”曰：“是知其不可而为之者与？”

那个时代“滔滔者天下皆是也”，智慧之士纷纷选择退隐遁世，唯孔子“知其不可而为之”，选择了一条最艰难的人生道路。孔子正可谓其知可及，真愚不可及者也。

古人云：“知其不可为而遂委心任之者。达人智士之见也。知其不可为而犹竭力图之者。忠臣孝子之心也。”长沮、桀溺等道家人物是达人智士，孔子则堪称古今中外最大的“忠臣孝子”，所忠的是仁义道德，所孝的是良知真理也。

当然，内圣者必然致力于外王（追求外王政治，可别理解为想自己称王），致力于政治优化以为民安身和道德启蒙以为人立命。孔子知其不可而为之，乃是完全发自内心的自然，并非勉强而为。

天下之事，真知再没个不行，真行再没个不诚，真诚之行再没个不自然底。自然之行不至其极不止，不死不止，故曰：明则诚矣。(《呻吟语》)

孔子两千多年前被人嘲笑为丧家狗，两千多年后还被人嘲笑为丧家狗。殊不知孔子才是真正的“成家立命”者，而且提供了一个千秋万世永远的家，安立了天下无量生民的命。那些嘲笑孔子的人，才是无家可归的心灵丧家者、精神流浪者。孔子一生的充实、富有和安乐，孔子恒永的伟大、光荣和辉煌，岂是那些心盲眼茫、轻浮无根者所能窥测？

顺便指出，晨门不愧为孔子的知音。孔子固然“不患人之不己知"，但能够碰到这样的知音，想必也是很高兴的。晨门是负责清晨开城门的看门人。子路所遇的长沮、桀溺等隐士对孔子都持讥刺、否定态度（可见道家既高明，又有所不足），晨门则颇有相惜之意。

三、重视知识

《大学》强调："物有本末，事有终始，知所先后，则近道矣。"就内圣与外王、道德与政治、即明明德与亲民而言，明明德更重要，更根本；就"八条目"而言，格致诚正是齐治平的基础。所以《大学》指出：

古之欲明明德于天下者，先治其国，欲治其国者，先齐其家；欲齐其家者，先修其身；欲修其身者，先正其心；欲正其心者，先诚其意；欲诚其意者，先致其知，致知在格物。物格而后知至，知至而后意诚，意诚而后心正，心正而后身修，身修而后家齐，家齐而后国治，国治而后天下平。

这段话还说明了知识的重要性。

“知”与“智”两个字在古代可以通用。智是更高层次的知，是系统、规范、综合的学问；《易大传》曰“知周乎万物而道济天下”，“周乎万物”的知，兼含知识和智慧意。智比知级别高，乃儒家认识论、伦理学和价值观的基本范畴。《荀子》说：“所以知之在人者谓之知，知有所合谓之智。”把智视为某些知识的综合、融合。

有人说：“智是能力，慧是境界；智是做加法，慧是做减法；智是知道如何进，慧是懂得怎么退；智者拿得起，慧者放得下；智是后天的（知识）积累，慧是先天的根性。”《方言》说“知或谓之慧”，将知与慧也等同起来。

儒家对待知识的态度，与佛道两家有所不同。佛道都有反知倾向。道家强调“绝圣弃智，绝学无忧”；佛教对世间知识非常警惕，发展到禅宗“不立文字，直指人心”的极端。

唯儒家特别重视各种物理、科学、社会知识的吸收，把知识视为通往智慧的桥梁，韩信将兵多多益善。《论语》一开头就强调“学而时习之”，又说“学而不思则罔，思而不学则殆”，又说“好学近乎知”；孔子说“吾十有五而治于学”，《大学》八条目，以“格物致知”为先。古人云：“正邦须自明伦始。”本人对了一句：“成德无妨格物先。”

智慧的获得是外在的客观知识与内在的主观道德互相结合与完善的过程，也是人超越自身局限、获得理想人格的重要途径。同时，儒智特别理性。

樊迟问知。子曰："务民之义，敬鬼神而远之，可谓知矣。"(《论语·雍也》)

着眼人世，致力于人道之宜，敬鬼神而远之，体现了圣人的理性精神。孔子认为，好学能够去除德行方面的六大障碍及缺陷。

《论语·阳货》记载：

子曰："由也，汝闻六言六蔽矣乎？"对曰："未也。""居，吾语汝。好仁不好学，其蔽也愚；好知不好学，其蔽也荡；好信不好学，其蔽也贼；好直不好学，其蔽也绞；好勇不好学，其蔽也乱；好刚不好学，其蔽也狂。"

孔子说："仲由，你听说过六个字（六种德行）的六种弊病吗？"回答："没有呀。"（孔子说：）"坐下，我告诉你。

爱仁德不爱学习，其弊病是愚昧；爱智慧不爱学习，其弊病是放荡；爱守信不爱学习，其弊病是伤害；爱直率不爱学习，其弊病是刻薄；爱勇敢不爱学习，其弊病是闯乱子；爱刚强不爱学习，其弊病是狂妄。”

仁为众德之本，本来无蔽，但是好仁未必得仁，如不能通过学习理解仁的奥秘，证悟仁的真实，也会出问题，“其蔽也愚”。孔安国注：“仁者爱物，不知所以裁之则愚也。”

好知不好学，其蔽也荡。知即智，荡即放荡。孔安国注：“荡，无所适守。”一味倚恃聪明才智，不顾道德规范，就会放荡而无操守。

好信不好学，其蔽也贼。贼，《皇疏》作“害”字讲，以为不学而信，则信得不合宜，以致贼害其身和他人。燕尾生的故事就是最好的例子。刘氏《正义》引管同《四书纪闻》说："大人之所以言不必信者，惟其为学而知义所在也。苟好信不好学，则惟知重然诺，而不明事理之是非。谨厚者则硁硁为小人。苟又挟以刚勇之气，必如周汉刺客游侠，轻身殉人，捍文网而犯公义，自圣贤观之，非贼而何哉。"

好直不好学，其蔽也绞。《论语·泰伯》："直而无礼则绞。"马融注："绞，绞刺也。"皇疏据此义解释："绞犹刺也，好讥刺人之非，以成己之直也。"直是美德，但须好学以合中道，否则如《论语·子路》所记："叶公语孔子曰：'吾党有直躬者，其父攘羊，而子证之。'"这是好直而不好学之蔽。

好勇不好学，其蔽也乱。另有一章说："君子有勇而无义为乱。"邢昺疏据以解释此章："勇谓勇敢，当学以知义。若好勇而不好学，则是有勇而无义，则为贼乱。"义，《中庸》说："义者宜也。"因此《释名》解释义字说："义，宜也，裁制事物使各宜也。”

好刚不好学，其蔽也狂。狂，孔安国注：“狂妄，抵触人也。”《论语·公冶长》孔子说：“吾未见刚者。”邢昺疏：“刚者质直寡欲。”质直寡欲，固然很好，但如只好刚而不好学，不得中和之道，便致言语行为抵触他人。

仁、智、信、直、勇、刚都是好品德，但是，如果不通过学习而把握其本质，便很容易偏执一隅，造成危害，变成“六蔽”，成为佛教所说的“所知障”。

老子说：“为学日益，为道日损。”确实，但为学和为道不一定矛盾。只要明白知识的局限性，警惕所知障，那么，知识和智慧的增长就可以同步进行，知识的增长就可以不断产生质的飞跃，进入智慧境界和道德境界。

所以在儒家，为学和为道、日益和日损是统一的。佛道两家对习性及欲望时有过度严厉之嫌，其境界高处，不仅绝弃世俗知识，甚至排斥善习善欲。儒家则不一样，只针对不良习性和欲望而“损之又损”以至于良知光明的圣贤境界。

知识可分为技术性、专业性知识和哲学、人文、社科领域的知识。道德的健康、人格的健美有赖于这方面的基础知识，例如对于物本与神本、利己与利他、集体与个人等各种“主义”有正确的认识，能够明了它们的不足或错误、弊端或恶果。无知难免寡智，寡智必然少德。德不足，人格焉能健美哉。

除了正文“十二知”，知诗、知史都属于儒智。诗和史，即知即智。

诗：自古儒者多富有文学修养，多能诗。纵不能诗，也必有一双善于发现美好的眼睛，有一种不懈追求理想的精神，让心灵诗趣洋溢，让生命诗情画意。孔子亲自选诗，强调学诗，说："诗，可以兴，可以观，可以群，可以怨。迩之事父，远之事君，多识于鸟兽草木之名。"（《论语·阳货》）孔子对诗的作用、功能和美学内容的分析，实际上包含着对一切文学艺术作用的分析。

史："多观前车之鉴以益其智"，史事通熟，史识高超，通古今之变，有相当的历史知识和历史感。儒家经史相通，焦孟不离，即经即史，或读史以验经，或治经以考史。

王阳明说："以事言曰史，以道言曰经。事则道，道即事。春秋亦经，五经亦史。易是庖牺之史，书是尧舜以下史，礼乐即三代史，五经亦即史。"（《传习录》）康有为说："史学大半在证经，亦经学也。"（《桂学答问》）太炎先生云："孔

氏之教，本以历史为宗。”（《答铁铮》）

马叙伦将史学提到诸学之首，“史者，群籍之总称，凡天下之籍，不论其为政治、为宗教、为教育，莫不可隶于史。是故史者，群籍之君也”“凡学术均归於史”（《史界大同说》）。章学诚干脆说：“六经皆史。”

四、政治观和义利观

《大学》中这一段话，至今意义重大，值得我们今天的政治家三思。

孟献子曰：“畜马乘不察于鸡豚，伐冰之家不畜牛羊，百乘之家不畜聚敛之臣。与其有聚敛之臣，宁有盗臣。”此谓国不以利为利，以义为利也。长国家而务财用者，必自小人矣。彼为善之，小人之使为国家，灾害并至。虽有善者，亦无如之何矣！此谓国不以利为利，以义为利也。

孟献子是鲁国大夫，姓仲孙，名蔑。孟献子说：

“养了四匹马拉车的士大夫之家，就不再养鸡养猪；祭祀用冰的卿大夫家，就不再畜养牛羊；拥有一百辆兵车的诸侯之家，就不要豢养搜刮民财的家臣。与其有搜刮民财的家臣，不如有偷盗国库的家臣。”这意思是说，治国不应以财富为利，而应以仁义为利啊。

领导国家者专注于积聚财富，必出自于小人诱导。而那国君还以为那些小人是好人，让他们去处理国家大事，结果是天灾人祸一齐降临。这时虽有贤能，也没有办法挽救了。所以治国不要以财富为利，而要以仁义为利。

这段话说明了儒家的政治观和义利观。

一是反对官员与民争利，限制受禄者无度地敛财。“畜马乘不察于鸡豚，伐冰之家不畜牛羊。”用董仲舒的话说，这叫“所受大者不得取小”。董仲舒指出：

古之所予禄者，不食于力，不动于末，是亦受大者不得取小，与天同意者也。夫已受大，又取小，天不能足，而况人呼！此民之所以嚣嚣苦不足也。（《汉书·董仲舒传》）

所谓“已受大，又取小”，是指那些“身宠而载高位，家温而食厚禄”的人，不满足已有的收入，贪得无厌，“因乘富贵之资力，以与民争利于下”。所以董仲舒明确主张：

受禄之家，食禄而已，不与民争业，然后利可均布，而民可家足。此上天之理，而亦太古之道，天子之所宜法以为制，大夫之所当循以为行也。(《汉书·董仲舒传》)

故明圣者象天所为，为制度，使诸有大奉禄，亦皆不得兼小利，与民争利业，乃天理也。(《春秋繁露·度制》)

孔子批评臧文仲“不仁者三，不知者三”。其中“妾织蒲”就被斥为“三不仁”之一。(《左传·文公二年》)关于妾织蒲，杜预注:“家人贩席，言其与民争利。”后即用作为政不仁与民争利之典故。《南史·范泰传》:“食禄之家，不与百姓争利，故拔葵所以明政，织蒲谓之不仁。”

二是表达了对聚敛之臣表达了强烈的反感和痛恨。“与其有聚敛之臣，宁有盗臣”。所谓聚敛，用现在的话说，就是财政汲取能力，儒家一向主张轻徭薄赋，反对苛捐重税，认为聚敛之臣比贪官污吏更坏。

一旦随着经济紧缩，聚敛搜括的力度不断加强，越是底层，税务负担越重。正如一阙元曲《正宫·醉太平》所写：

夺泥燕口，削铁针头，刮金佛面细搜求，无中觅有。鹌鹑嗉里寻豌豆，鹭鸶腿上劈精肉，蚊子腹内刳脂油。亏老先生下手。

不由得想起《论语·先进》所载：

季氏富于周公，而求也为之聚敛而附益之。子曰："非吾徒也，小子鸣鼓而攻之可也。"

季氏就是季康子。鲁国三家权臣，季氏的权力最大，也拥有最多的土地和财富。孔子的弟子冉求是季氏家宰，帮助季氏聚敛。事见《左传》哀公十一年和十二年文。《孟子·离娄》也载："求也为季氏宰，无能改于其德，而赋粟倍他日。"

季氏要用田赋制度，增加赋税，曾派冉求征求孔子的意见，孔子主张"施取其厚，事举其中，敛从其薄"，结果季氏仍旧在冉求帮助下实行田赋制度。季氏当然是"主谋"，但冉求作为季氏家宰，不能让季氏"改于其德"，反而"赋粟倍他日"，也要负相当的责任，因此遭到孔子的坚决反对和严厉批评。

三是阐述说明了儒家义利观（道德与利益的关系），强调以义为利。"国不以利为利，以义为利也。"《易经》说："利者，义之和也。"利益就是道义的和谐。道德的行为必然给人带来长远的利益。儒家在讲到义利问题时，"义"字本身就包含了正当适宜的利益因素，合情合理的利就是义，公利公益更是义。为国民提供公共产品如民众教化、国家安全、社会稳定、水利和道路设施等本身就是政治道德题中应有之义。

第四章　《中庸》：中道妙理

陈立夫说：“中，于己可收正心之功，于人可达忠恕之效，于事可得合理之果。”

吾人草堂联：“人能仁义终无敌，道及中庸不易行。”

中庸是和谐之道、双赢之道、成功之道、智慧之道、普适之道，是人生之义道、社会之公道、政治之正道、自然之常道。

孔子倡中庸之道，把它抬得非常之高，曰：“中庸之为德也，其至矣乎！民鲜能久矣。”（《论语·雍也》）又说：“天下国家可均也，爵禄可辞也，白刃可蹈也，中庸不可能也。”把掌握和坚持中庸之道视为世界上最难的事情。

中庸是方法论，是人生观，是价值观，也是人性论和本体论。

一、过犹不及

中道由来已久。在孔子生前1700年，尧以“允执厥中”传之舜，舜以“人心唯危，道心唯微。唯精唯一，允执厥中”十六字真言传之禹，到孔子集儒家文化之大成，加一“庸”字，称为中庸之道。

庸释为用，中庸就是“用中”的意思。《中庸》郑玄注：“中庸者，以其记中和之为用也；庸，用也。”庸又寓平常、正常、恒常之意。真理不偏颇、不怪诞，故平常、正常；大道永不变，故恒常。北宋二程曰："不偏之谓中，不易之谓庸。中者，天下之正道；庸者，天下之定理"(《遗书》卷七)；"中庸天下之正理，德合中庸，可谓至矣"(《程氏经说·论语解》)。

中庸才能恰到好处。"子贡问：'师与商也孰贤？'子曰：'师也过，商也不及。'曰：'然则师愈欤？'子曰：'过犹不及。'"(《论语·先进》)"道之不行也，我知之矣。知者过之，愚者不及也；道之不明也，我知之矣，贤者过之，不肖者不及也。人莫不饮食也，鲜能知味也。"(《中庸》)过与不及表现不同，都不符合中庸的要求。

孔子观于鲁桓公之庙，有欹器焉。孔子问于守庙者曰："此为何器？"守庙者曰："此盖为宥坐之器。"孔子曰："吾闻宥坐之器者，虚则欹，中则正，满则覆。"孔子顾谓弟子

曰："注水焉！"弟子挹水而注之。中而正，满而覆，虚而攲。（《荀子·宥坐》）

这里的"虚"与"满"都是极端，宥坐之器就会因而"倾斜"和"倒覆"，满是"过"，虚是"不及"，只有"中"，才能正。

孟子与孔子一样崇奉中庸，对于"过"与"不及"皆予以批评。孟子辟杨朱排墨子，体现了思想上的中庸。孟子曰："可以取，可以无取，取伤廉；可以与，可以无与，与伤惠；可以死，可以无死，死伤勇。"（《孟子·离娄》）这是关于"取与"与"生死"的中庸。

孟子曰："伯夷，非其君不事，非其友不友。不立于恶人之朝，不与恶人言。立于恶人之朝，与恶人言，如以朝衣朝冠坐于涂炭。推恶恶之心，思与乡人立，其冠不正，望望然去之，若将浼（měi）焉。是故诸侯虽有善其辞命而至者，不受也。不受也者，是亦不屑就已。柳下惠不羞污君，不卑小官；进不隐贤，必以其道；遗佚而不怨，阨穷而不悯。故曰：‘尔为尔，我为我，虽袒裼裸裎于我侧，尔焉能浼我哉？’故由由然与之偕而不自失焉，援而止之而止。援而止之而止者，是亦不屑去已。”孟子曰：“伯夷隘，柳下惠不恭。隘与不恭，君子不由也。”(《孟子·公孙丑》)

这是孟子“出处”的中庸。

二、执两用中

“中庸”最基本的含义是“执两用中”，它源自《中庸》。“子曰：舜其大知也与！舜好问而好察迩言，隐恶而扬善，执其两端，用其中于民。其斯以为舜乎！”

孔子说：“舜真是大智慧者啊！他喜欢向人问问题，又善于分析浅近话语里的含义。隐讳他人的坏处，宣扬他人的好处。掌握认识事物的过与不及的两个方面，采纳适中、中正的办法施行于民。这就是舜之所以为舜的地方吧！”

“执两用中”这个“中”是一个动态的概念，不无一定的折中、中间道路的成分，但不能作简单化、机械化的理解。中庸之道不是模棱两可的折中主义、和稀泥的调和论，并非不好、不坏、圆滑处世的中间路线，更不是“同于流俗、合乎污世”的“乡愿”态度。

孔子痛恨“乡愿”，斥之为“德之贼”。乡愿，乡里之谨愿者，即无是无非、似是而非、唯唯否否、到处讨好、没有原则和立场的好好先生也，孟子解释“乡愿”曰：“非之无举也，刺之无刺也，同乎流俗，合乎污世，居之以忠信，行之似廉，众皆悦之，自以为是，而不可入尧舜之道，故

曰德之贼也。”（《孟子·尽心》）

孔子说：“君子和而不流，强哉矫！中立而不倚，强哉矫；国有道，不变塞焉，强哉矫！国无道，至死不变，强哉矫。”（《中庸》）中庸是“和而不流”“中立而不倚”的，儒家是如此的强哉矫，哪有一丝一毫的犬儒、乡愿的味道？

儒家极重仁，以之为核心。在本性和本体层面，仁即中庸。作为道德元素之一，仁德至为中庸，合情合理合乎人性之常，并非普通人不可及“道德高标”。

《孟子·尽心》载：孟子曰：“杨子取为我，拔一毛而利天下不为也。墨子兼爱，摩顶放踵为之。子莫执中；执中为近之。执中无权，犹执一也。所恶执一者，为其贼道也，举一而废百也。”

杨朱为我，“拔一毛利天下而不为”，是严重的“不及”；墨子兼爱，平等地爱世上每一个人，又严重地“过”了。杨朱和墨翟都趋于极端，“不及”有害于仁，“过”则不合乎义。

子莫“执中”似乎好一点，但“执中”必须懂得权变和权道，因“中”是随“时”而变的，要审时度势、因时制宜，这就是《中庸》所说的“时中”。中庸之道讲“权”和“时”。“权”是不违背原则前提下“通权达变”，如果执中而不懂权变、不合时宜，与执着于一边的偏见无异，也是有害于道的。

孟子这段话值得深长思。正如某网友所言：中间、中上、中下、中左、中右，都有可能是“中”，也可能不“中”，以谁为准？这就需要明心见性和辩证思维，具体情况具体分析了。孟子赞孔子为“圣之时者”，有深意在焉。朱熹对孟子这段话的理解最为通透：

为我害仁，兼爱害义，执中者害于时中，皆举一而废百者也。此章言道之所贵者中，中之所贵者权。杨氏曰："禹稷三过其门而不入，苟不当其可，则与墨子无异。"颜子在陋巷，不改其乐，苟不当其可，则与杨氏无异。子莫执为我兼爱之中而无权，乡邻有斗而不知闭户，同室有斗而不知救之，是亦犹执一耳，故孟子以为贼道。禹、稷、颜回，易地则皆然，以其有权也；不然，则是亦杨墨而已矣。(《四书集解》)

儒家仁而有义，经而有权，虽然对亲友民众和自然万物都有一颗仁爱之心，但并不同等对待，而是对父母孝，对兄弟悌，对朋友信，对民众仁，对万物爱，亲亲仁民爱物，秩序井然。

仁爱有度，任何事物包括高尚道德都有一个度。例如，以直报怨就可以了，以德报怨就“好”过头了。“好”过头，反而是不好的。用儒家标准衡量，耶稣主张打完左脸再主动送上右脸，是“好”过头了；耶稣动辄雷霆震怒、大开杀戒则是严重“不及”；佛以身饲虎，献身于动物而且是凶恶的动物，更过头了。

纵然这种行为值得敬仰，也不宜普及，何况“以身饲虎”并不是负责任的态度，对自己、对亲友都不负责任。对老虎是爱了，把家庭社会责任放在哪里？

“大公无私”的道德要求也过了头。有人把儒家天下为公的大同理想与大公无私的共产主义精神并为一谈，认为现代民主政治是“天下为私”的，其出发点与落脚点皆在私人利益。

儒家的最高政治理想是选贤与能，天下为公，但绝不要求民众个体“大公无私”。天下为公追求的是政治之公，是法律的公正、福利的公共、分配的公平、领导的公选、权力的公开，是对公权力的限制和为个人自由提供法律保证，维护的恰是每一个公民合法的“私”。

所以，“天下为私”的现代民主与传统“天下为公”的政治理想是完全相通的。“天下为私”，是从个体的权力和自由的角度来讲，“天下为公”是就社会公共权力的层面而言。保障人权自由的“私”，才是权力最大的公、制度最大的公、天下最大的公。

言归正传。关于道德之“度”，下面有两个故事很能说明问题。

《吕氏春秋·察微》讲了“子贡赎人”和“子路拯溺”

两个小故事，充分体现了孔子的中庸智慧对道德之“度”的把握。

鲁国之法，鲁人为人臣妾于诸侯，有能赎之者，取其金于府。子贡赎鲁人于诸侯，来而让不取其金。孔子曰：“赐失之矣。自今以往，鲁人不赎人矣。取其金则无损于行，不取其金则不复赎人矣。”

子路拯溺者，其人拜之以牛，子路受之。孔子曰：“鲁人必拯溺者矣。”孔子见之以细，观化远也。

这两个小故事在《淮南子·齐俗训》也有引用：“子路拯溺而受牛谢。孔子曰：‘鲁国必好救人于患也。’子贡赎人而不受金于府。孔子曰：‘鲁国不复赎人矣。’子路受而劝德，子贡让而止善”。

鲁国法律规定，在国外沦为奴隶的鲁人，有人把他们赎出来，可以向国库领取赎金。子贡在其它诸侯国赎了一个鲁国人，回国后拒绝领取国家偿金。孔子说："赐呀，你做得不对。从今以后，一般鲁国人就不肯再替本国同胞赎身了。你收领赎金，并不损害你行为的价值；你不肯收领赎金，别人就不肯再赎人了"。

另一件事恰相反。子路救起一名落水者，那人感谢他，送了一头牛，子路收下了。孔子说："鲁国人从此一定会勇于救落水者了。"

子贡主动放弃赎金，这是他的自由，也是他的高尚。但子贡作为孔门高徒，一举一动为世人及后人重。人们既觉得子贡放弃赎金很高尚，真要学习则意味着较大的利益牺牲，多数人最后必是索性不去学习，不管闲事，以避开这种尴尬局面。鲁国的赎人法就成了一纸空文。故孔子认为子贡的做法欠妥。

了凡大师说得好："自俗眼观之，子贡不受金为优，子路之受牛为劣，孔子则取由而黜赐焉。乃知人之为善，不论现行，而论流弊，不论一时，而论久远，不论一身，而论天下。"(《了凡四训》)

世人对孟子批杨朱多会取赞同态度，但对孟子排墨就比较难以理解。墨子主张平等的爱，摩顶放踵以利天下，比儒家爱人、利他、救民济世的情怀，更热心更切。孟子以禽兽斥之，不合情理呀。殊不知孟子排墨针对的是墨子之学而非墨子个人道德。墨子主张兼爱，个人言行一致，以身作则，当然值得尊重。但作为一派学说，流弊不可胜言。

有人认为，在"子贡赎人"这个故事里，最好的办法是子贡先把赎金收下来，完全遵守鲁国这条法律，以免误导一般民众，然后找个机会把这笔钱以其他形式归还国府，如出钱设立赎人基金等。这个建议颇有创见，亦合中庸。这是另一个方面的问题了。

三、黄金中道

中庸之为用大矣哉！

它是成功之道。一个人如果反对中庸，就会沦为“小人无忌惮者”，如果不懂中庸，其智其德亦必有缺陷，或好心办坏事，或“小”心坏大事。它是智慧之道，是处理事物、解决问题的最佳方法和策略，是一种具有普遍意义的优化决策之道。

中庸是放诸四海而皆准的普适之道，广泛适用于日常生活和政治社会生活。中庸是人类同生共存的和谐之道，人与人、人与社会、人与自然的和谐以及个体生命的身心和谐，都离不开中庸之道。小到人与人之间，大到国与国之间，人世间的许多矛盾、冲突、斗争、仇恨，都是对立双方和相关各方不懂中庸之道造成的。

中庸还是对敌之道、复仇之道。大仇必报，大敌不让，坚持原则，勇于斗争。但是应遵守有理有节的原则，以直报怨，是谓有理；公平报复，是谓有节。

柯斯文《原始文化史纲》将原始人复仇划分为三个阶段：一是复仇不怕过度，仇上加仇，世代不解，直到一方被彻底消灭；二是同态复仇，以牙还牙，以眼还眼，不能太过分；三是以赎金代替杀人报仇。

其中的同态复仇，指的就是公平报复。对待敌人也应如此。穷寇莫追，不要赶尽杀绝。只要对方有所忏悔，愿意妥协，就不妨网开一面。在现代文明社会，有时给敌对方机会，其实也是给自己机会。

中庸是儒家道德的核心，像“仁”一样，其它任何道德都不能违背它，义德和恕道都是它的表现。孔子“君子惠而不费，劳而不怨，欲而不贪，泰而不骄，威而不猛”的“五美”说，讲的就是为人处世的中庸。孔子曰：“质胜文则野，文胜质则史。文质彬彬，然后君子。”（《论语·雍也》）意思说，朴实过头，失之粗野；文雅过头，欠缺诚心；文质谐调互补，方为君子。这是个人修养方面的中庸。

古希腊哲人亚里士多德也有类似中庸的主张。他考察各种德行，以为都相当于两个极端之间的中道，如勇敢是懦怯与鲁莽之间的中道，磊落是放浪与猥琐之间的中道，不亢不卑是虚荣与卑贱之间的中道，机智是滑稽与粗鄙之

间的中道，谦逊是羞涩与无耻之间的中道。(《尼各马可伦理学》)

总之，中庸是人生之正道、社会之大道、政治之公道，亦是天地万物之常道。人天大道是中庸也。据说英译中庸之道为“黄金中道”，大佳。

四、专家论道

中国社会科学院研究员庞朴先生，在华东师范大学一场名为《从一分为三谈中国人的智慧》的演讲中总结了中庸之道四种表现形式：

一是任何事物都有其不足之处，因此要用对立面来补充，最后达到较好的中间状态；二是任何事物都有其容易趋向极端的那一点，要防止其过头；三是既不采取这一端也不采取那一端来排除两边的缺点；四是把两边的优点都集中起来，做到两全其美。

从方法论的层面，庞朴先生对中庸之道的总结颇为全面。从个人修养，到治国安邦，都离不开中庸这一具有普遍意义的方法。

就思维方法而言，中庸是对事物的两个对立面，作全面综合的考察后，作出科学的判断，加以圆融的统一；就实践行为而言，是照顾各方面的利益和需要而有所妥协，求同存异，以求和谐合作。总之，不论在道德上还是政治上，小到个人的待人接物，大到各种典章刑律的制定，都要尽量合情合理，妥当适度。

孔子嫡孙孔伋（子思）著《中庸》，继承发展了孔子的中庸思想，把中庸从方法论提高到世界观和本体论的高度，并加以系统化。他认为中庸是天地之大本和天下之达道，即体即用，体用合一。树立中庸价值观和人生观，按照中庸方法处理一切事物、一切问题，即可达到“致中和，天地位焉，万物育焉”的境界。

首都师范大学邓球柏先生认为，中庸之道的理论基础是天人合一。他在《论易道与中庸之道》中写道：

中庸之道的天人合一表现在以下几个方面：天道与人道合一，天性与人性合一，理性与情感合一，鬼神与圣人合一，外内合一等。中庸之道的具体内容主要包括五达道、三达德、九经等。

五达道是运用中庸之道调节君臣、父子、夫妻、兄弟以及朋友五种基本人际关系。处理这五方面关系的准则是

“君惠臣忠”“父慈子孝”“夫义妇顺”“兄友弟恭”“朋友有信”。这又有赖于“智、仁、勇”三达德。九经就是中庸之道用来治理天下国家以达到太平和合的九项具体工作。这九项工作是：修养自身，尊重贤人，爱护亲族，敬重大臣，体恤众臣，爱护百姓，劝勉各种工匠，优待远方来的客人，安抚诸侯。中庸之道的主要标准有三：一是慎独自修，二是忠恕宽容，三是至诚尽性，另外还有信友、亲亲、诚身、明善等。

五、道之不行

可悲的是，对于这一“黄金中道”，现在岂止是“民鲜能久矣”（孔子的“民”本指当时诸子之徒，这里姑且作普通民众解），大多数文化人和政治家更“鲜久矣”。在日常个人生活和社会政治生活中，在思想学术界、政界，片面，过度，偏激，极端，非白即黑，非友即敌等种种思维、观点和行为，人们早已习以为常。

看看国人之间的各种争斗，包括网络上的各种争论吧，无名小辈也好，名家名流也罢，哪个不是乌眼鸡斗公鸡似的，哪个不是鸡肠难装三两米、鼠肚难容半个人，哪个不是只有哗众取宠之心、毫无仁恕悲悯之意，哪个不是斗筲之器何足算也。每当听到他们傻活滔滔不绝，禁不住悲从中来。

自由群体亦未能幸免。不是己所不欲勿施于人，而是己所不欲专施于人；不是争真理而是争面子、争名气、争闲气；不是“隐恶而扬善，执其两端用其中于人”，而是隐善扬恶、偏激极端地对待同道……温和与激进之间，改良与革命之间，草根与精英之间，不同派别之间及各派内部，常常从观点之争演变成意气之争，从思想争鸣上升到人身攻击！

或许，有些人开始确实是为共同的事业理想而争，可争着争着，理想不见了，事业抛开了，同道之谊消失了，只剩下了意气乃至相互间的敌视。每当看到那些或上纲上线、或无中生有、或传播谣言、或发人隐私，浸透了仇恨汁液的文字，我总不禁为人性的卑下败坏而心寒，为人心的短小狭隘而齿冷。在“地漫江湖天漫雾，人为刀俎我为鱼”的境况之下，除了不时落下的刀俎，“鱼”们还乐此不厌地忙着相煎呢。

走笔至此，本人叹出了两千多年前孔子叹过的一口气：“道其不行久矣夫！”

尾声

子曰：“素隐行怪，后世有述焉，吾弗为之矣。君子遵道而行，半涂而废，吾弗能已矣。君子依乎中庸，遯世不见知而不悔，唯圣者能之。”（《中庸》）儒者宁可隐遁不为人知，也不行怪异而哗众取宠。不为素隐行怪（康有为：素隐，如老学之隐退曲全；行怪，如墨子之生不歌死无服），依从中庸之道，还要持之以恒，绝不半途而废。

狂狷不坏，孔子所取，终究不如中行为高，其余片面、过度、偏激、极端、非白即黑的言行，更非正知、正见、正理、正道。中庸之道不易知、不易行，但不能因其难知、难行而不致知、不力行。每个人都难免有片面、过度、偏激、极端的时候，但片面、过过度、过偏激、过极端之后，还应该争取早日成熟，走到人生的中道上来，那才算是修成正果。乃作《中庸赞》曰：

中才能正，中才能忠。中才能平，中才能公。

中才能久，中才能弘。中才能和，中才能通。

法律公正，福利共公，领导公选，天下为公。

保障自由，博爱兼容。政治之道，和而不同。

有理有度，言发于衷。待人处世，通达圆融。

智勇合璧，仁义双宏。人生之道，五美是崇。

己立立人，存异求同。有仁有义，大智大雄。

不虚不滞，不固不空。不左不右，得其环中。

中即无滞，中有大用。中成大功，中可大同。

过犹不及，执两用中。执中有权，应物无穷。

日月常明，春仁夏荣。超圣入凡，无德不通。

阐幽扬隐，发聩振聋。人天大道，唯我中庸！